U0922695

中国考试发展历程

考试

公正如何践行

赵本义 王彩蓉◎著

山西出版传媒集团
山西人民出版社

图书在版编目（CIP）数据

考试：公正如何践行 / 赵本义，王彩蓉著. — 太原：山西人民出版社，2020.6

ISBN 978-7-203-11195-5

Ⅰ. ①考… Ⅱ. ①赵… ②王… Ⅲ. ①考试制度—研究—中国 Ⅳ. ①G424.74

中国版本图书馆 CIP 数据核字（2020）第 079651 号

考试：公正如何践行

著　　者：赵本义　王彩蓉
责任编辑：王新斐
复　　审：武　静
终　　审：阎卫斌
装帧设计：靳涛成

出 版 者：山西出版传媒集团·山西人民出版社
地　　址：太原市建设南路 21 号
邮　　编：030012
发行营销：0351-4922220　4955996　4956039　4922127（传真）
天猫官网：https：//sxrmcbs.tmall.com　电话：0351-4922159
E - mail：sxskcb@163.com　发行部
　　　　　sxskcb@126.com　总编室
网　　址：www.sxskcb.com

经 销 者：山西出版传媒集团·山西人民出版社
承 印 厂：山西出版传媒集团·山西人民印刷有限责任公司

开　　本：720mm×1000mm　1/16
印　　张：15.75
字　　数：200 千字
印　　数：1—800 册
版　　次：2020 年 6 月　第 1 版
印　　次：2020 年 6 月　第 1 次印刷
书　　号：ISBN 978-7-203-11195-5
定　　价：68.00 元

前　言

考试起源于中国，西汉时期选拔官员的察举制就包含考试制度，从汉文帝前元十五年的察举考试算起，距今已有2180多年的历史。隋朝创建国家选拔官员的科举制度，自此开始，科举考试登上中国的政治舞台，历经隋唐宋元明清多个朝代，纵贯中国历史1300年，成就了中国绚丽多彩的考试文化。

民国时期，中国已基本完成古代教育到近现代教育的转型，高等学校的招生考试已呈现近现代教育考试形式。

中华人民共和国成立后，建立了符合我国国情的高校招生考试制度。“文化大革命”期间，高校招生考试制度被中止。1977年恢复后的高校招生考试制度，为国家强盛和民族复兴所需人才的培养，提供了坚实的制度保障。

中国古代的科举考试与近现代的高校招生考试，分别为不同历史时期国家意志的人才选拔考试。基于对中国考试文化的由衷热爱与深厚情结，我们以纪事论述的方法，将中国古代科举考试与近现代高校招生考试的发展历史细致梳理、精心编撰，写成此书，献给关心和支持中国高校招生考试事业的读者们。

赵本义　王彩蓉

2018 年秋于太原

作者介绍

赵本义，山西翼城人，历任中学教师和大学党务干部，1989 年起从事普通高校招生与考试工作。曾与王彩蓉老师合作出版《高考招生与志愿填报》《高考志愿选报方略》等专门著作。

王彩蓉，山西清徐人，1984 年起从事大学师范教育工作。多年来，致力于中西方基础教育与高校招生特点研究工作。

目　录

第一章　中国的科举考试

第一节　科举制度的孕育

科举制度是中国古代多个封建王朝，实行分科考试办法，进行政府官员选拔的国家政治制度，因此对于科举制度的相关讨论，需从中国古代政府官员的选拔授任情况说起。

中国的原始社会，经历了原始人群和氏族公社等漫长的人类社会发展过程。原始社会没有形成国家或朝代，没有基本的国家体制及相关政治机构，只有松散的部落或部落联合体形式。到了“三皇五帝”时代，人类文明程度已具相当水平，尧帝开始尝试建立国家政治制度，任命官员进行部落事务管理，出现氏族社会向国家形态的朦胧过渡阶段，当时的官员选拔授任或部落首领更替，均循天下为公之宗旨，实行选贤与能的推举与禅让制度。

中国历史上国家的正式形成，以夏王朝的建立为标志。

夏王朝结束了中国漫长的原始社会，将中国带入奴隶制社会，历经夏朝、商朝、西周和东周的春秋四个历史时期，中国的奴隶制社会发展延续了1500多年。中国奴隶制社会的国家管理，实行天子、诸侯、卿、大夫、士分级负责的办法，当时的诸侯、卿、大夫、士代表着奴隶制社会不同层次的官员。国家各阶层的官员更替，基本依照家族血缘关系承袭，实行世袭制度。世袭制主要是指祖辈上代的名号、爵位、财产等，均按照血缘关系世代承袭，这种承袭包括皇朝天子、诸侯国君的世代承袭以及家族家长、族长的世代承袭等。世卿世禄制中的“卿”泛指古代王朝的高级官员，“禄”是指这些高级官员所享之钱财物品。世卿就是天子或诸侯国君之下的高级官员，也按照血缘关系世代承袭，父死子继，子孙承袭祖辈官职。世禄就是卿、大夫、士等高级官员所享之钱财物品，也同样实行父死子继办法，其钱财物品包括祖上受封的土地及其赋税收入等。世袭与世卿世禄制度，通常遵循以嫡长子承袭为核心的宗法制原则。

东周战国时期，是中国历史上分裂对抗最为严重、最为持久和社会变革最为剧烈的时期，也是中国封建社会的开始时期。东周战国的官员选拔授任制度，已逐步由世卿世禄制向封建官僚制过渡，当时已出现荐举、游说自荐、招贤、依凭军功等多种官员选拔授任形式。

秦朝是中国历史上第一个统一的、实行中央集权和皇帝制度的封建王朝，国家管理实行“三公九卿”与郡县体制。秦朝统一文字和度量衡，规定币制、地亩制、车轨制等规制，虽然仅存十五年时间，但对中国社会的文明发展起到非常重要的引领与推动作用，实属中国辉煌伟大的王朝之一。秦朝在各级政府官员的选拔授任方面，基本废除奴隶制社会的世卿世禄制度，代之以适应社会发展趋势的封建官僚制度，当时的政府官员选拔，皇朝已制定出相关选拔标准，比如财富多寡、书写能力高低、明悉律法程度等，虽然这些选拔官员标准还受制于当时社会的文明程度，但对于书写和明悉律法等标准的确定，加之秦朝的“门客”之风盛行，都已充分表明在当时的历史条件下，读书与文化知识已被社会相当尊崇，知识渊博之士已为皇朝高度青睐，选拔授任官员的考试制度显然已在孕育之中。然而历史发展很难顺风顺水的直线行进，公元前213年，一些儒生和游士引儒学经典，借圣贤言论批评秦朝朝政之风盛起，形成“儒生不师今而学古，通古以害今”之势，秦始皇出于建立封建专制统治体系和确保皇帝权威的需要，行“焚书”之事。公元前212年，儒生方士徐福、卢士的“寻丹求仙”骗局失败后，秦始皇又迁怒于儒生，继而又行“坑儒”之事。对于“焚书坑儒”事件，无论何种缘由，肯定是错误的。从某种意义上进行分析，错在很大程度上延缓了考试选拔官员制度建立的进程。

汉朝官员选拔授任实行征辟制和察举制。征辟制是自上而下的官员选拔授任制度，征辟又分为征君与辟除两种方式。征君，是皇帝亲自征聘社会才智名士到朝廷担任官职，是“安车蒲轮以迎贤士”的明智之举，被皇帝征聘而入朝任官，在汉朝是最为尊荣的仕途，被征聘者享有来去自由的权力，朝廷虽可督促，但被征聘者若不予应命，亦不能强制。若应之征聘，皇朝则以礼宾相待，其官场地位即高于其他同品级臣僚。辟除，是皇朝各部署衙的高级官员或地方州郡的主事官员，可先自主任用属下官员，随后依照程序向朝廷进行推举，再由朝廷授命的官员任用制度。察举制是自下而上的官员选拔授任制度，此制遵循“地方推举为主，中央考试为辅”的官员选拔授任程序。地方推举的标准共有四条，第一条是德行高妙、志节清白；第二条是学通行修、经中博士；第三条是明达法令、足以决疑，能按章覆问、文中御史；第四条是刚毅多略、遇事不惑，明足以决，才任三辅令，皆有孝悌廉公之行。中央考试的科目主要有孝廉、茂才、贤良方正、经学以及明经、明法、兵法、阴阳灾异学说等。当时的“地方推举”，实际上是地方政府与中央政府官员的“官员推举”，中央考试是由皇帝亲自主持的考试。最早的中央考试发生在汉文帝前元十五年（前 165 年），当时汉文帝刘恒诏令：“诸侯王公卿郡守举贤良能直言极谏者，上亲策之。”且明确要求“应举者‘著之于篇’，朕亲览也”。这应该是中国历史上最早的“非命题形式考试”。汉武帝时，尊崇儒学，中央考试已有很大发展，尤其明经科目专以儒家经典为考试内容，考试组织也具相当规模。时至东汉顺帝时期，皇朝的中央考试规定为“应用文书写作”等内容，这应该是中国历史上最早的“命题形式考试”。但汉朝的中央考试一直未能形成规矩的考试程序与考试制度，至多类似于现代工作人员招聘的“面试”形式，考试的效力也不是很高，除个别成绩特别突出，备受皇帝青睐，而被授任官职以外，大多数官员的授任仍是以推举为主，考试成绩只是作为辅助参考的。对于以推举为主、考试为辅的察举制，其制度特征是“先推举，后考试；主推举，辅考试”，不能被推举，则没有参加考试的资格，且推举对官职授任起主要作用，这是察举制的本质缺陷。但在当时的历史条件下，能够产生考试这个官员选拔的辅助形式，开通考试选拔人才之先河，察举制的社会进步性应该是划时代的。因此汉朝察举制实行期间，应为中国科举制度的萌生时期。

魏晋至南北朝的三百多年时间，历经三国（曹魏、蜀汉和孙吴）、晋朝、十六国、南朝、北朝等大小朝代二十多个，是中国历史上政权更迭最为频繁的时期，此间汉朝官员选拔的考试相辅制度没有得到继承和发展，各朝代的官员选拔制度主要为九品中正制，亦称九品官人法，其实施程序是先由朝廷择选并授任“贤有识鉴”的官员为中正官，再由中正官对授权地域的士人（贤达名士）进行察访，并综合其德才与门第出身，评定出所察访士人的“品”，报呈皇朝，以作为选拔授任官员的依据。当时的“品”共分为九个等级，一品、二品、三品为上品，四品、五品为中品，六品、七品、八品、九品为下品。曹魏时期九品中正制的实施较为公正顺利，为加强曹魏政权的统治地位起到了一定积极作用。但从魏晋之交开始，中正官均被“著姓士族”所垄断，对“九品”士人的察访与评定，完全背离了制度创建的“中正”初衷，九品中正制被演变为保护士族世袭特权的政治制度，史书所云“上品无寒门，下品无士族”，就是对当时九品中正制实施情形的客观评价。历史进入南北朝时期，官员选拔的九品中正制弊端凸显，当时的皇朝统治者已经试图进行改变，开始酝酿实行官员选拔的“举明经”制度，但由于当时极端腐朽的政治环境制约，以及官僚利益集团的严重干扰，致使“举明经”制度未能付诸实行，仍居官员选拔统治地位的九品中正制，一直延续到北周末期。

第二节　科举制度的初创

隋朝开国皇帝杨坚出身士族，是东汉太尉杨震的十四世孙，其四世祖杨元寿曾任北魏武川镇司马，其父杨忠追随北周文帝宇文泰，官至柱国、大司空，受封随国公。北周天和三年（568 年）杨忠死后，杨坚承袭父爵，继“随国公”爵位。大象二年（580 年）北周宣帝宇文赟病逝，杨坚以“总知中外兵马事”衔，扶持年幼的北周静帝宇文阐继位，其以大丞相身份辅政，逐步专权，大定元年（581 年）二月，静帝宇文阐“禅让”帝位于杨坚，北周覆亡。杨坚定国号“隋”，定都大兴城（今西安），改元开皇，后世追尊杨坚谥号隋文帝。取得国家政权后，隋文帝出于加强中央集权，巩固皇朝统治的需要，在政治、经济、文化等诸多方面进行了大刀阔斧的改革，首当其冲的就是官制和与官制密切相关的选士制度改革。当时国家的封建官僚机构已日趋完备，必须选拔大量适应封建统治需要的人才，充任国家和各级地方政府机构的官员，进行政府事务管理。

鉴于前朝覆亡的教训，显然被士族垄断操纵300多年的九品中正制，已完全不能适应当时的政治需要，隋文帝果断废除九品中正制，把官员选拔的权力收归中央，开始建立中央集权的分科考试、分科取士的官员选拔录用制度。

隋文帝开皇三年（583年）正月，诏令“举贤良”；开皇十八年（598年）七月，又诏令五品以上朝廷官员以及掌管地方行政的总管、刺史等官员，以“志行修谨”“清平干济”二科举人，参加朝廷举办的相关考试，并以此进行中央与地方政府官员的选拔录用。但当时的分科考试、分科取士制度还很不完备，组织与实施程序也很不严谨，仍处于官员选拔录用制度改革的尝试阶段。

隋炀帝杨广大业元年（605年）正月，诏令“若有名行显著，操履修洁，及学业才能，一艺可取，咸宜访采，将身入朝。所在州县，以礼发遣”。同年七月，又诏令“方今宇宙平一，文规攸同，十步之内，必有芳草，四海之中，岂无奇秀！诸在家及见入学者，若有笃志好古，耽悦典坟，学行优敏，堪膺时务，所在采访，具以名闻，即当随其器能，擢以不次……具为课试之法，以尽砥砺之道”。隋炀帝诏令的意思，就是要求朝廷和地方政府官员依所定标准（科目），向朝廷选荐举人，朝廷再以考试办法选拔录用为官，其后“以尽砥砺之道”，为国家服务。从此建立了“分科举人→考试取人”的官员选拔录用制度，其官员选拔录用制度的核心变为“具为课试之法，以尽砥砺之道”，考试成为官员选拔录用的关键环节。

隋炀帝创立的“分科举人→考试取人”的官员选拔录

用制度，其形式有些类似汉朝的“察举制”，但细究起来，二者却有着本质的区别，其主要表现就是考试的效力不同。汉朝察举制是以举荐为主、考试为辅的，官员录用的关键环节是举荐，举荐起着决定性作用，考试为辅，效力很低，只起辅助作用。而隋炀帝的官员选拔录用制度，是在分科选荐举人的基础上，以朝廷考试为主，考试不合格则予淘汰，合格则录用授官，在官员选拔录用的程序上，考试起着决定性作用，效力很高，选荐举人只是基础程序，是获取考试资格的程序过程。因此，科举史上把大业元年（605年），确定为中国科举制度的正式创立之年。

隋炀帝大业元年（605 年）七月诏令中的“笃志好古，耽悦典坟”与“学行优敏，堪膺时务”的标准（科目），则分别为科举考试明经科目与进士科目的雏形。

大业三年（607 年）四月，隋炀帝又行诏令：文武官员有职事者，可以“孝悌有闻”“德行敦厚”“结义可称”“操履清洁”“强毅正直”“执宪不饶”“学业优敏”“文才秀美”“才堪将略”“膂力骄壮”等十科举人。并要求：“有一于此，不必求备，朕当待以不次，随才升擢。”诏令其意很是明确，举人标准不予求全，符合其一即可予举，考试合格即可授任官职。诏令中的科目概念已经非常明确。其中的“膂力骄壮”，显然还是武举的科目范畴。

大业五年（609 年）正月，隋炀帝再行诏令“诸郡以‘学业该通，才艺优洽’‘膂力骄壮，超绝等伦’‘在官勤慎，堪理政事’‘立性正直，不避强御’等四科举人”。与大业三年的十个科目相比，大业五年的四个科目，其选荐举人的分科标准更为简明，且仍为文武科目俱备。

随后的大业年间，隋炀帝对其创立的官员选拔录用制度进行改革完善，明确设置了进士、明经等官员选拔的考试科目，考试的内容、形式、要求也在调整完善中趋于务实合理，当时的考试内容，进士科主要为时务策，明经科主要为经术等，时务策的作答要求，是书写一篇关于当时国家政治生活方面的政治性论文。逐步形成了层次不同、要求各异，且由国家法令规范的科举制度。

隋朝科举制度是建立在“分科举人”这个基本前提上的，或者说是以“分科举人”为政治基础的，当时的“举人”就是官员的选荐，况且“分科举人”的诸项标准，均不具备量化性质，不能通过考试方法验证，仍需以选荐官员的主观意志进行决定，这一环节与汉朝的“察举制”是基本一致的，显然是隋朝科举制度的缺陷所在。但在分科与考试这两个关键环节上，隋朝要科学、严谨和规范得多，尤其是考试对官员录取起决定作用的重大变革，正是隋朝科举制度对中国古代官员选拔制度进步发展的最大贡献。隋炀帝创立科举制度的政治举措，极大程度地顺应了当时的庶族地主阶层，伴随其经济地位的崛起，而对其相应政治地位的强烈要求，起到了巩固中央集权与维护皇权统治的积极作用。

隋文帝、隋炀帝分科举人的相关科目标准解释：

志行修谨——行事处世谨慎，恪守礼法，道德高尚。

清平干济——清廉和谐，做事干练而有成效，才华横溢。

孝悌有闻——孝敬父母，友爱兄弟姐妹，善处亲友邻里，有很好口碑。

德行敦厚——具崇高道德修养，言行规范，人品忠厚。

结义可称——做人做事“义”字当先，人皆颂之。

操履清洁——操行品行高尚清洁。

强毅正直——刚强坚定，毅力坚强，公正刚直。

执宪不饶——执行律法公平公正，不偏不倚，敢于担当。

学业优敏——学识广博，学术学问造诣深厚。

文才秀美——文章写作才能优美。

才堪将略——具将帅之才，能担当大任。

膂力骁壮——身体健硕，体力强大。

学业该通，才艺优洽——学识精通且全面，满腹经纶，才华横溢。

膂力骁壮，超绝等伦——身体健硕，体力强大，人之骄者。

在官勤慎，堪理朝政——当官能够勤勉谨慎，善理政事，颇有作为。

立性正直，不避强御——生性正直，不回避困难艰险，不畏惧豪强势力。

隋朝上承南北朝，下启唐朝，历时 38 年，是一个承前启后、继往开来的大一统封建王朝，结束了中国长达 360 多年的分裂局面，创立科举，修凿运河，开皇之治，为后继的唐朝奠定了良好的政治基础，不愧为中国社会、政治与文化发展史上具有伟大贡献的朝代之一。

第三节　科举制度的确立

隋朝末年，隋炀帝暴政，致使社会矛盾尖锐，地方势力割据，群雄纷起，爆发多起农民起义，生灵涂炭，民不聊生。隋炀帝大业十三年（617 年）五月，太原留守、唐国公李渊在晋阳起兵，十一月占领长安，当时由于称帝条件尚不成熟，李渊拥立隋炀帝杨广之孙代王杨侑为傀儡皇帝，即隋恭帝，改年号义宁，李渊自任大丞相，晋封唐王。义宁二年（618 年）五月，获知龟缩江都苟延残喘的隋炀帝杨广被兵变的禁卫军将士勒杀，李渊称帝的条件成熟，即迫隋恭帝杨侑禅位，李渊在长安宣布称帝，定国号为唐，年号武德，大唐王朝建立，后世追尊李渊庙号唐高祖。

唐高祖李渊是一位非常重视科举制度的皇帝，唐朝建立后，为解决当时各级政府官员的急缺问题，唐高祖结合唐初的政治情势和社会实际，在隋朝科举制度的基础上，对科举的制度内涵、科类及其科目设置、生源资格、组织形式、实施程序等诸多方面进行了改革，正式确立了唐朝的科举制度。

武德四年（621 年）唐高祖诏令："敕诸州学士及白丁，有明经及秀才、进士，明于理体，为乡曲所称者，委本县考试，州长重复，取其合格。每年十月随待入贡。"诏令中明确指出，州县贡上的人才，必须是考试合格的，而不一定是官员看好的。对考生资格的规定也很是宽松，"白丁”也具资格，对于“明于理体，为乡曲所称者”的条件，也是一个颇为含糊的限制。由此可见，唐朝自高祖开始，科举即废除了隋制的“举人”程序，国人不需经过“举人”程序，就能报名参加国家选拔官员的科举考试，营造出“不拘一格降人才”的大好局面。因此唐朝的科举制度相比于隋制，其改革力度非常之大，甚至可以说唐朝的科举制度只是沿用了隋朝的制度概念，就其制度内涵来讲，两者是有着本质区别的。废除隋朝科举制度的“举人”程序，是唐高祖对科举制度改革的最大贡献，这一改革措施，从根本上解决了“举人”所带来的种种徇私弊端，为科举制度的蓬勃发展奠定了坚实的制度基础。

唐初科举考试的科类设置为常科与制科两种。每年定期举行的科举考试为常科，常科是国家官员选拔的常规制度；由皇帝诏令临时举行的科举考试为制科，制科的举办目的是选拔国家急需的非常人才，考试科目与组织程序等也根据其当时的选拔目的而定。

由于常科与制科的选拔目的不同，因此两者的科目设置、考试内容、生源类别、组织程序以及录取方法均有很大区别。常科以其长期性、稳定性等特点成为唐代科举考试中最重要的部分。常科的主要科目有秀才、明经、俊士、进士、明法、明字、明算、三史、开元礼等五十多种，为历代科举科目数量之最。其中通常举行的有秀才、明经、进士、明法、明字、明算六科，而明经与进士两科是唐初科举常科中最为人尊崇的考试科目。

秀才科重视选拔博学多才、出类拔萃的人才，是当时最高级的考试，考试要求很高，大多考生对报考秀才科缺乏信心，报考积极性不高，后被唐高宗废除；俊士科旨在选拔才智杰出、才能俊秀的优秀人才，与秀才科有些类似；明法科选拔通晓律法的人才、明字科选拔通晓文字和书法的人才、明算科选拔通晓算学的人才。当时专门业务官员的社会、政治地位较低，因此对于明法、明字和明算这三个科目，即使考中及第，也只能从事相关专门业务工作，一般做不到高官，也得不到厚禄，因此被人重视的程度与报考积极性均不是很高；明经科主要考查考生对儒家经义的记忆与理解程度，考试方法以贴经和墨义为主，贴经类似于现代考试的填空，墨义是针对经文的字句做命题笔试；进士科主要考查考生的诗赋水平、时务策写作能力以及应变能力等，对考试内容与形式的要求都较明经科高。

对于明经科的贴经和墨义考试，只要考生熟读经传及注释就可被录取，而进士科的诗赋、时务策写作与应变能力的考查，则要求考生的文学知识、时事与政治见解以及写作才能俱佳，才能被录取，因此进士科考试被录取要比明经科困难得多，当时社会上流行一种说法，“三十（岁）老明经，五十（岁）少进士”，就是这种现象的真实写照。

细究唐朝科举考试的进士科、明经科与其他小科，从其科类考试内容与要求来看，不同科目的选拔目的是各不相同的，秀才与俊士科选拔目标设置过高，过于理想化，有脱离实际之嫌；进士科主要选拔政府管理人才；明经科主要选拔经传理论人才；其他小科主要选拔专门业务人才。因此进士科及第者官场仕途会很顺利，明经科及第者则要坎坷许多，小科及第者则更为次之。唐朝自高宗时起，进士科考试尤为国家和时人重视，唐朝的许多高官，尤其是宰相大多是进士科出身。

常科的生源有两类，一类是经州县选拔考试合格的，出身州县（或京师）学馆的学生，时称生徒；另一类是经州县选拔考试合格的民间读书人士，时称乡贡。从科举常科的两类生源情况看，常科的报考资格要求很是宽泛，实际上只有“读书之人”这一个基本条件，无论是在校学生，还是社会上的读书人士，只要书读得好，学习优秀，能够通过州县的选拔考试，即具科举资格。

常科考试的组织形式，除州县的生徒和乡贡选拔考试以外，唐朝的正式科举考试分级别两次组织进行。第一级次为州县组织的考试，考试的合格录取有解额（分州县的录取计划）限制，称之解试（或州县试），解试合格后，即获得第二级次国家考试资格；第二级次为国家组织的考试，国家考试由皇朝的尚书省或尚书省下属的礼部（唐初为吏部）主持，称省试（或礼部试）。当时的科举取士，还有两项别于后续王朝的规矩。规矩之一是省试的录取，不仅依据考试成绩，考生省试成绩合格后，还需有礼部或社会名流人士的保举推荐，才能够被确定录取。在此规矩的导引下，考生们纷纷求奔于官宦公卿或社会名流人士门下，向其投献自己的心仪文作，史上称其为投卷。向礼部投献的称之为公卷，向社会名流人士投献的称之为行卷。投卷在当时的社会背景下，确实起到了伯乐选驹的积极作用，如白居易当年参加科举考试，就向时任著作佐郎的著名诗人、画家、鉴赏家顾祝投送自己的《赋得古原草送别》，被极力赞誉并保举推荐。但保举推荐的弊端也是非常明显的，保举推荐规矩实行期间，弄虚作假、徇私舞弊等情况经常发生，所取之士中欺世盗名者也不在少数。规矩之二是考生省试合格后，还只是获得了担任官员的基本资格，皇朝并不直接授任官职，合格者还要再经吏部考试，史称选试，选试合格后，才能被授任官职，真正步入仕途。若选试未能合格，则暂时不予官职授任，还需再通过充当地方政府官员幕僚的程序，先进入官场工作，然后皇朝根据相关制度规定，并视其工作情况再行官职授任。

唐初科举制科的生源资格、考试组织程序以及录取政策等，均由皇帝根据考试目的与选拔要求等因素进行确定，没有定制，考试通常由皇帝亲自主持。科举制科经过太宗李世民、高宗李治两朝的发展，基本与科举常科的进士、明经科一样，成为唐朝科举制度的重要组成部分。据相关史料统计，自高宗显庆三年（658 年）到文宗大和二年（828 年），科举制科考试就有七十八科次之多，考试科目高宗时期有词赡文学科、词殚文律科、文学优赡科；武皇则天时期有超拔群类科、绝伦科；玄宗时期有文史兼优、博学通、武足安边、智谋将帅等科目。文宗大和二年（828 年）科举制科“贤良方正能直言极谏科”殿试，考生刘蕡是一位忠君爱国、刚直不阿、经纶满腹且颇具骨气的茂才书生，应试论策时奋笔疾书，条列极陈当朝宦官专权之危害，深刻触及当时国家政治之结症，一石激起千层浪，掀起朝野政治风波，文宗忌惮权宦，无力保全刘蕡，刘蕡被黜落第。自此朝廷惧怕论策抨击朝政事件重演，科举制科考试基本废止。晚唐时期，宣宗和懿宗曾举行过“日试万言科”和“日试百篇科”的制科考试，但考试效果及社会影响均如日薄西山，难寻当年制科的辉煌风采。

唐太宗李世民是一位非常重视教育与科举考试的皇帝，曾把官员的学术文化水平与治国理政水平相提并论，他曾深刻教导与训诫大臣们：近代（指南北朝以来）君臣治国多劣于前古，根源就在相臣们不善读书，无学业，“不能识前言往行，以畜其德”。提倡用人以德行、学识为本。并亲躬力行，着力开办学校，关心支持学校教育，为科举制度的可持续发展营建了良好的人才环境。贞观末年，还扩大进士科的录取比率，提高进士科及第后的晋身之阶，对于唐朝科举制度的健康科学发展，起到了很大的推动作用。

武则天当政时期，为了充实自己的政治势力，巩固自己的统治地位，在太祖、太宗科举建制的基础上，再次进行了科举制度的一系列重大改革，为科举制度的进一步规范与完备做出了很大贡献。据史书记载，武皇对科举制度的重大改革至少有以下几个方面：

一、因时制宜、与时俱进，强进士、淡明经

针对国家当时的时政情况，对科举常科考试进行规范化和制度化，增加科举制科考试科目和次数，扩大常科与制科考试规模，提高录取比例。重点强化与发展以属文笃策为主的进士科，淡化以背诵典贴经书为主的明经科，为真正才思敏捷的知渊识博之士开通了入仕做官、治国理政的途径。

二、创办武举

大周长安二年（702 年）创办武举考试，选拔精通武艺，具有将帅才能之人，录取后充实到国家军队，为提高军队官兵争战素质，增强国防实力起到了显著的积极作用。当时的武举生源为乡贡，考试由兵部主持，考试科目有骑射、步射、平射、马枪、负（举）重等，录取时对考生的体型相貌等还有要求，通常以“躯干雄伟，可为将帅”为标准。对于武举，武皇曾诏令“高第者授以官，其次以类升”，其意思为武举考试成绩优秀者，当即授任军队官职，其余成绩合格者，分类进行军队职务安排。

三、始创科举殿试

为防止科举考试主考官员作弊行私，保证国家科举选才的公正与质量，在努力规范科举考试的组织管理、操作程序以及制度建设的基础上，于载初元年（690 年）始创科举考试的殿试形式。科举殿试，就是皇帝亲自对获得殿试资格的考生进行现场考试，是中国历史上最高层级的科举考试，被录取者常被誉为“天子门生”。使人遗憾的是，大周武皇所始创的科举殿试形式，在当时并未被确定为科举定制。

四、推行科举“南选”政策

科举“南选”，就是在文化落后的边远地区（五岭及贵州一带）的人才选拔上，给予特别照顾，相似于现代高考招生对边远穷困地区考生的政策照顾，这一举措，为开发和镇守边疆选拔了一批当地有识之士。

五、实行科举的“弥封卷”办法

弥封即密封也，为确保科举考试的公正公平性和杜绝考官作弊，实行科举考试贴糊密封考生姓名、籍贯等基本信息的办法，这应是中国历史上最早的考试密封卷办法。同殿试的情况一样，密封卷办法在当时也未被确定为科举定制。

唐玄宗李隆基也是一位非常重视科举考试的皇帝，他在位期间，曾在长安、洛阳皇宫的多次殿试中，亲自阅卷录取很多才华横溢的治国贤圣之才，开元年间，又再次特别提高科举考试的地位，为科举考试的进一步发展也做出了很大贡献。

关于武皇则天创办的武举考试，在唐（周）朝期间，考试办法还不甚完善，其考试科目只注重技勇，考试内容主要有“武术”与“力量”等技勇项目，对于将帅必需的“战略战术”“军事谋略”等军事理论还未曾涉及，分级考试形式也未形成。武举的社会和政治地位也低于科举。唐德宗贞元十四年（798 年），谏议大夫田敦以“武举考生带弓箭等武器进入皇城，威胁皇上安全”之由，上表奏请废止武举，德宗准奏。至唐宪宗元和三年（808 年）再行恢复，武举考试停废十年之久。

唐玄宗开元初年（713 年）举行武举，高第榜首的郭子仪，后成为唐玄宗时期的卓越政治家和军事家。天宝十四年（755 年）末，唐军将领安禄山和史思明发动长达八年的“安史之乱”，死伤官兵三十余万，自此唐朝元气大伤，由盛转衰，开始出现藩镇割据的分裂局面。当时平叛“安史之乱”的，就是时任朔方节度使的郭子仪，细究起来，若没有武皇则天创办的武举考试，就没有玄宗时武举高第榜首的郭子仪，“安史之乱”的结局或许将被改变，武举开创对于唐朝，真可谓大功德矣。

对于科举考试的“状元”称谓，这里做个简单解释。以南宋后期为界点，“状元”有两种不同的释义。

在科举考试设置殿试形式之前，把进士科省试（当时是科举的最高层级考试）取得第一名者称为状元。其历史阶段主要是唐初，当时生徒和乡贡参加国家层级的进士科考试，须先填写一份“名状”，也就是关于个人基本情况的档案材料，应该相当于现今的“申请表”“基本情况登记表”之类的表格，考试完成后，考官要根据考生的成绩名次，将“名状”排序整理，成绩第一名的排在最前面，称之为“状头”，后来为使称谓高雅，改称“状元”。自科举考试设置殿试形式至南宋后期，“状元”即为殿试第一名的雅称。此期间的“状元”并不是官方称谓。

到南宋后期，殿试考试取得成绩第一名的进士，才具有官方“状元”的誉称。对于不同历史时期的“状元”称谓，虽其概念含义会有所不同，但本质特征是完全一样的，就是在同类型同轮次最高层级考试中，对成绩第一名考生的誉称。

史上记载最早的状元，是唐高祖武德五年（622 年）进士科省试第一名的孙伏伽。孙伏伽曾为隋朝进士，做过隋朝的县属小吏，在唐朝高祖、太宗时期，历任治书侍御史、刑部郎中、大理寺少卿、大理寺长官寺卿、陕州刺史等官职。

对于武举考试的“状元”，亦即人们常说的“武状元”，唐朝时期并没有形成这一称谓。

唐朝（含武则天的大周皇朝），是中国历史上一个辉煌而伟大的朝代。唐朝确立的科举制度，为后续皇朝科举制度的进一步完善与发展奠定了坚实的理论和实践基础。

从907年唐朝覆亡到960年北宋建国的五十多年间，中国的中原地区相继建立过后梁、后唐、后晋、后汉、后周五个皇朝，与此同期在中国的南方地区还相继建立有前蜀、后蜀、杨吴、南唐、吴越、闽国、马楚、南汉、南平（荆南）以及北方的北汉等十个地方割据政权，这一历史阶段被称为五代十国时期。当时的北汉割据政权于979年才被北宋皇朝吞并，若以此时间计算，五代十国的合计存在时间应为七十二年。

五代十国时期，战乱不断、时局动荡，政权更迭频繁，政治格局翻云覆雨，但中原五朝与周边十国的皇帝（君主），均能认识到科举制度在国家政治中的重要性，为了政权巩固，均效仿唐制，继续实行科举制度。但在国家战乱和社会动荡的恶劣情势下，科举制度的实施效果肯定受到严重影响。虽是效仿唐制，实际上也只能是仿学形式，效颦学步。当时科举考试的规模很小，录取名额也不多，录取后的官职授任也无定规，所以当时社会对科举考试的期望不高，考中状元也不为人们所看重，武举考试则一直处于停废状态，致使唐朝确立并发展良好的科举制度坠入低落阶段。由此可见，科举制度是典型的上层建筑范畴制度，是为国家统治和政治利益服务的，同时又具有明显的时代局限性。

第四节 科举制度的完善

960年后周皇帝周世宗柴荣因病驾崩，年仅七岁的儿子柴宗训继位。时任殿前都点检、领宋州归德军节度使的赵匡胤精心策划了史上著名的“陈桥兵变”，在后周都城开封北的陈桥驿，黄袍加身，兵变称帝，推翻后周政权，建立大宋王朝，定都开封，使用年号建隆、乾德、开元，后世追尊赵匡胤庙号宋太祖。宋朝建立后，太祖赵匡胤又与其弟赵光义（后为宋朝的第二任皇帝宋太宗）携手经过十多年的艰苦战斗，先后消灭了地方割据政权，结束了五代十国的分裂局面，完成了国家统一。宋朝分为北宋和南宋，自960年宋太祖建国至1127年靖康之变，金国北掳宋徽钦二帝，为北宋时期，历时168年。自宋高宗赵构迁都南京（今商丘），1138年再南迁临安（今杭州），偏安一隅，至1279年被元朝灭亡，为南宋时期，历时153年。

在北宋时期的中华大地上，除位居中原的北宋政权外，同时还存在有西北地区的辽国（契丹族）、西夏国（党项族）、金国（女真族），西南地区的大理国（白族）以及北部正在迅速崛起的蒙古部族等少数民族政权，尤其是西北部和北部的这些少数民族政权对北宋政权的安全形成很大威胁，宋太祖一生都梦想着消灭这些少数民族政权，统一中华大地，但宏愿一直未能实现，抱憾而终，正谶这一“憾”，宋朝成为一个先荣后辱、命运多舛的王朝。

仔细了解宋朝的历史，可以发现宋朝当时的教育科技、国民经济以及文化艺术等很多方面均有空前发展，诸如天文学、数学、医药学、火药、指南针、活字印刷术、造船技术等教育与科技成就硕果累累；国民经济也发展至鼎盛阶段，有史学家曾做过测算，以1990年美元市值为基准，宋朝统治的三百多年间，每人年均GDP一直保持在500美元左右，最多时还曾超过600美元，当属世界领先地位；文化艺术的发展也非常迅速，涌现出众多的文学家、画家和诗词大家，其名著名作至今仍为世界文化宝库中的璀璨明珠。但是国防和军队建设却非常的不尽人意，致使外患内忧齐至，尤其是北宋后期和南宋时期，多代皇帝在强大国防与保家卫国上均无建树，演绎出“杨家将”“岳飞传”“水泊梁山”等可歌可泣的历史故事。究其原因，主要是宋太祖奠定的“重文重教，轻武薄军”的基本国策，当年宋太祖鉴于自己的夺权称帝之道，过于忌讳军队将领专权，畏惧军队将领“以吾之道，治吾其身”，着力大削军队将领兵权，谨防其拥兵自重，强力推行一系列抑武扬文，唯文至上的士大夫治国策略，当时儿童启蒙教育读本《神童诗》的开篇之句就是：万般皆下品，唯有读书高。文武并举之圣道失去平衡，致使文武官员在政治和经济上的待遇相差甚大，同品级官员相遇，武官要先礼之，朝廷俸禄武官更是差于文官。当时文武兼备，善兵能战，并具“先天下之忧而忧，后天下之乐而乐”这一崇高理念的范仲淹，被任命为武职观察使时，也言辞甚切的坚而辞之，终“不肯拜”，即为宋朝为官不武状况的真实反映。这样的国策实行，致使武官和军队积极性受到严重打击，军队战斗力严重削弱，国防建设严重滞后，造成在与辽国、西夏国、金国以及后之崛起的大蒙古国（元朝）的战争中屡屡挫败，只能屈辱忍让，形成纳币求和的可怜局面。

虽然宋朝在中国历史上被褒贬不一，但其历代皇帝，在崇扬文化的基本国策上均很下功夫，非常重视科举，在科举制度的发展与完备方面，做出了很大贡献，所成就的严谨臻美的科举制度，被明清两代尊崇沿袭，基本没有本质的改变。

宋朝对科举制度的发展与完备，主要体现在科举制度的建设上。总结起来，主要有以下几个方面。

一、创立恩科

北宋初期，国家还处于南征北战的战争状况，宋太祖在建国当年（960 年）即举行科举考试，录取进士 19 人，此后数年，每年开考，但每榜录取进士的人数都很少，大多在 10 人左右，最少的乾德四年（966 年）仅录取进士 6 人。这种情况对于推崇文人治国理念的宋太祖来讲，颇不满意。出于巩固统治、笼络人心以及急迫于人才选拔的考虑，开宝三年（970 年），他命礼部核查统计宋朝建国十年以及后周至后汉的科举考试档案，对经历 15 次科举考试，仍未能考取进士的考生情况进行核查统计，当时查实符合条件的共有 106 人，宋太祖下旨特批这 106 人为“进士出身”，这就是“恩科进士”，科举恩科便于此产生。此后，时有在皇帝殿试时，增开恩科，对连续多次科举不得中的老年考生，别立名册呈奏，特许附试，并在科举殿试正常录取名额之外，增设特奏名额，进行“恩科进士”录取。

恩科考试，实际上是当朝皇帝为笼络书生士子之心和彰显皇恩的一种统治策略，并非科举常制。有明一代，各具特征的恩科也多有开设。至清朝时，恩科还有所发展，时逢朝廷庆典等国喜活动，也曾特别开设恩科，若恰遇恩科与常科同时进行，则称其为科举的恩正并举。

二、确定三年一个轮次的三级科举考试制度

宋初的科举考试分为州县解试与礼部省试两级，每年进行一次，亦即实行的是一年一个轮次的两级科举考试制度。

开宝六年（973 年），宋太祖为选拔真正忠于皇帝又具有真才实学，也即“又忠又专”之人才，将科举考试的录取权力收归皇帝直接掌握，并把大周武皇发明的科举殿试形式确立为定制，建立解试（州县试）、省试（礼部试）、殿试三级科举考试制度，考试组织仍为一年一个轮次。

治平三年（1065 年），宋英宗为解决科举考试的财政支撑与组织管理负担过重问题，把一年一个轮次的科举考试改为三年一个轮次，考试层级不变。通常情况，第一年秋天州县组织举行第一级的解试，解试是科举的区域选拔性考试；第二年春天礼部组织举行第二级的省试，省试是科举全国统一的选拔性考试；省试当年皇帝择时组织进行第三级的殿试，殿试是科举最高级别的全国统一考试，由皇帝亲自主持。空档的一年间，没有正式的科举考试举行，但有地方学政组织的科举预选性考试，也就是为确定州县解试考生资格，而进行的选拔性考试。

三年一个轮次的三级科举考试制度正式确立后的北宋

时期，把进士科和明经等小科的功名分为“及第”和“同出身”两种，后又改为“及第”“出身”和“同出身”三种，把殿试成绩第一名的考生称为榜首，第二和第三名同称为榜眼。至南宋后期，才把殿试成绩第一名的考生称为状元，第二名称为榜眼，第三名称为探花。

三、确定科举解试解额制度

科举解试是地方政府举办的区域选拔性考试，考生解试合格后即具备省试资格，合格人数是根据当时中央政府下达的分区域解额（相当于现在的普通高校招生分省来源计划）进行确定的。由于当时全国不同区域的文化发展水平参差不齐、高低不一，不同地域解试所录取士子的水平也差别较大，对于全国统一举行的科举省试，为使其录取士子人数的区域分布能够保持基本平衡，科举省试的解额也常分区域进行编列，这样的省试解额编列制度被称为“南北分卷”制度。“南北分卷”制度是保障科举省试，乃至殿试录取士子人数区域平衡的主要手段。

四、建立以成绩为据的科举录取制度

由于宋初科举沿袭唐制，录取实行科举省试成绩加举荐制度。对于举荐，在实行过程中出现很多不公平问题，多被诟病，宋太祖严旨废除，建立科举考试以成绩为据的录取制度。

五、建立科举授官直通车制度

宋太祖建立殿试制度后，即行废除沿袭唐代的礼部选试制度，建立殿试录取后直接授任官职的科举授官直通车制度。同时极力推崇科举，提高科举地位，当时科举出身的官员相对于其他出身官员，其政治地位、社会地位和俸禄待遇都要优越得多，职务升迁也要快得多。

六、建立锁院制度

宋朝时，科举考试已成为国家的政治大事，为保障科举考试的顺利进行，皇朝已建立相当水准的标准化考点，当时的标准化考点称为贡院。锁院就是在主持考试的“知贡举”（主考官）和“权知贡举”（副主考官）等考官人选确定后，即将其锁于贡院之中，隔绝其与外界的联系，以规避考题泄密以及串联考生等徇私舞弊行为的发生。若单就其锁院制度而言，宋朝科举考试的管理比我们现代考试还要严格一些。

七、建立糊名密封制度

糊名密封就是在考试结束后，由专门的工作人员将试卷上的姓名、籍贯等考生基本信息进行糊封处理后，再交考官评阅，直到考卷评阅完成，进行成绩统计时才予拆封。宋朝科举的糊名密封制度最早在宋太宗时期的殿试考试中开始实行，到宋仁宗时期全面推开，各级考试全覆盖式实行，并成为定制。科举密封之法实为大周武皇的发明，只是当时未能形成制度。

八、建立誊录制度

科举考试实行糊名密封制度后，考官据名作弊途径被阻断，但新的作弊手段又即时产生，作弊考生采用在试卷上进行约定标记或因字形字体特征辨别等，仍存在考官评判成绩的作弊现象，为进一步杜绝糊名密封制度的此类纰漏，誊录制度应运而生。誊录即原文誊抄也，誊录制度就是在考生交回试卷后，由“抄写书手”将其试卷进行重新誊抄，然后将试卷封存，只把誊抄卷交由考官评阅的制度。

九、建立别试制度

为确保科举考试的公平公正和信誉，宋朝专门建立别试制度。顾名思义，别试即特别考试。具体讲就是对考官子弟特设考场，并另派考官主考和进行试卷评阅，以及对当朝大臣和权贵人士子弟进行复试的制度。

十、取消殿试淘汰制

在宋仁宗之前，北宋科举殿试也是选拔性考试，其进士录取是实行淘汰制的。宋仁宗天圣五年（1027 年），书生张元礼部省试合格，殿试却被淘汰，未能取得进士功名，心存怨愤，后与好友胡昊投奔西夏，成为西夏皇帝夏景宗李元昊的军师，帮助李元昊大胜对阵北宋的三川口之战、好水川之战、麟丰府之战、定川寨之战等四大战役。宋仁宗气急报复，派出两位时任陕西经略安抚副使的韩琦与王安石出征西夏，又遭张元伏击，宋军死伤惨重。而韩琦与张元当年同届参加科举殿试，韩琦考中榜眼，张元却名落孙山。宋仁宗痛定思痛，后悔当年科举殿试淘汰张元，为防止人才再次外流，特诏令取消科举殿试的淘汰制，除遇特殊情况外，只要礼部省试合格，并参加殿试者即可取得进士功名，自此开始，殿试的主要功能其实就是成绩复核与进士的等第区分了。

十一、文风改革

宋仁宗嘉祐二年（1057 年），时任翰林学士的文学大家欧阳修被授“知贡举”，主持科举省试，欧阳修提倡平实文风，对当时学界无病呻吟、程式古板的“太学体”文风厌恶至极，此意恰合宋仁宗心思。在宋仁宗的倍加赏识与大力支持下，欧阳修鼎力改革，废黜延续百年的“太学体”，提倡言之有物、论之成理的议论型“古文”文体。这一改革，对北宋的文风转变起到了重大影响，成功造就了苏轼、苏辙、曾巩等一代议论古文大家。

十二、科目、内容改革

北宋科举的科类设置基本沿袭唐制，仍以常科与制科区分，但科目设置较唐朝有一些变化。

常科科目基本固定为进士科与明经诸科，明经诸科包括明经、九经、五经、开元礼、三史、三礼、三传、学究、明法等小科。

制科仍是皇帝根据皇朝的人才急需情况，临时诏令举行的科举考试，其组织与考试形式与常科具有较大差别，相对于其他朝代，宋朝制科的考试科目和次数是比较多的，考试频次较高的制科科目有贤良方正能直言极谏科、博通典坟明于教化科、才识兼茂明于体用科、详明吏理可使从政科、识洞韬略运筹决胜科、军谋宏远材任边寄科、高蹈丘园科、沉沦草泽科、茂才异等科、书判拔萃科等。

就北宋科举的科目设置情况来看，较之唐朝更加条理化、规范化和制度化，科目设置的随意性大大降低。但对于科举常科的进士科与明经诸科，录取及第后官职授任和仕途发展的差距，相较唐朝更为扩大，“进士科往往皆为将相，皆极通显，而明经等小科，不过为学馆之类”。“杜塞他蹊，专尚进士”的科举发展方向已成定势，进士科的主角风采如日中天，明经等诸小科目的颓势已非常明显。至北宋神宗时期，明经等科目的贴经、墨义和诗赋等考试内容的诟弊凸现，“进士以声韵为务，多昧古今；明经只强记博诵，而其义理，学而无用”。时任参知政事（副宰相）的王安石，开始对科举考试的科目与内容进行改革，本着通经致用的改革目标，上书宋神宗：“古之取士具本于学，新建学校以复古，其明经诸科欲行废黜，取明经人数增进士额。”其意为：科举考试科目取消对治国理政用处不大的明经及诸小科目，只考进士一科。王安石的改革思路顺应了国家政治需求与科举发展形势，获得神宗批准，自此开始，宋朝及后续朝代科举常科的考试科目，就仅有进士科了。

对于考试内容，王安石力主取消诗赋、贴经、墨义等内容，专以经义、论、策等议论短文形式进行考试，亦即“用经义取士代替诗赋取士”，考试要求，经义是解释经书，论是对时局的评论，策是提出解决时弊的意见与办法。王安石对科举考试内容的改革，由于当时复杂尖锐的社会与政治矛盾，未能成为定制，但对科举制度的进一步完备形成了很大影响，到宋哲宗时期，仍以“进士罢诗赋，专习经义”为科举施策。

宋朝的武举考试，始于北宋仁宗赵祯时期，天圣七年（1029年）仁宗诏令“选阅其骑射而试之，以策为去留，弓马为高下”，决定恢复“五代十国”时期废停的武举考试。天圣八年（1030年）正式开考武举，考试科目在唐朝的“武术”和“力量”等技勇项目的前提下，增设孙（孙子）吴（吴起）兵法等军事理论和军事策略。考试在内场和外场分别进行，内场考策论和兵书墨义（军事理论和策略），外场考技勇。宋朝的武举考试曾形成比试、解试、省试、殿试等级别，但考试时间均由皇帝诏令确定，未成定制。宋朝武举，自北宋仁宗天圣八年（1030 年）的第一次考试，至南宋度宗咸淳十年（1274 年）的最后一次考试，共举行考试 78 榜，期间曾有几度废复，约录取武进士 2300 余人。宋朝的武举考试，在承袭唐制的基础上，进行了一些改革与完善。但由于抑武扬文国策的严重影响，武官待遇低下，文华之风盛行，加之南宋皇帝的偏安之心作祟，武举所选的精武之士不多，且大多不愿从事武职，宋朝为数不多的著名军队将领中，既没有武进士，更没有武状元，诸如岳飞、韩世忠、狄青等均非武举出身。

两宋时期，与其共存于中华大地的少数民族政权辽国、西夏国、金国和大理国，虽非汉民族政权，但均受唐宋王朝科举文化的影响，不同程度地实行科举考试选拔官员制度。但由于史料不全，这里只能简单予以叙述。

辽国是由契丹族建立的少数民族政权，从先祖辽太祖算起，共传 9 帝，历时 200 余年，1125 年被金国灭亡。1124 年辽国即将灭亡之际，辽太祖的第八世孙耶律大石出奔，在可敦城（今蒙古国境内）称王，1132 年称帝，建立西辽，1217 年西辽被大蒙古国吞灭。辽国辽圣宗期间，进行政治经济改革，效果显著，为进一步加强中央集权，改善政府官员成分，开始实行科举制度，科举考试分乡试、府试、省试三级进行，有时还增设殿试，考试科目为词赋和法律等，词赋为正科，法律等为杂科。至辽兴宗时期，考试科目变为词赋和经义两科。当时乡试合格谓乡荐，府试合格谓府解，省试合格谓及第。科举及第后，朝廷给予及第者的政治地位和其他相关待遇在当时还是很高的。

西夏国是由党项族建立的少数民族政权，从夏景宗称帝并定国号大夏（史称西夏）算起，共传10帝，历时近190年，1227年被大蒙古国吞灭。西夏国的科举史料最为稀缺，对于西夏科举说法较多的是夏仁宗推崇儒学，仿中原宋朝的科举制度，于人庆四年（1147年），实行科举考试选拔官员。虽然因史料不全，西夏国科举实行情况难于考证，但曾实行科举制度这一结论是肯定的。佐证为：西夏国的第八位皇帝夏神宗李遵顼，系夏宗室齐王李彦宗之子，在夏桓宗天庆十年（1203年）参加科举考试，取得殿试状元，袭封齐王，并擢升大都督府主，于夏襄宗皇建二年（1211年），发动宫廷政变，废夏襄宗自立为皇帝，成为中国历史上唯一的状元皇帝。夏神宗李遵顼是科举状元，多种史料记载一致，是完全可信的。

金国是由女真族建立的少数民族政权，1125年灭亡辽国，1126年灭亡北宋，鼎盛时期国力十分强大，统治地域东北到日本海、黑龙江流域；西北到河套地区；西边接壤西夏；南边以秦岭到淮河一线与南宋交界。1234年被大蒙古国与南宋联合攻击而覆灭。从金太祖完颜阿骨打算起，共传10帝，历时120年。金国的科举制度开始于第二代皇帝金太宗完颜晟天会元年（1123年），起初科举举行无定期，自天会五年（1127年）后方转入正常，三年一个轮次，初分南北两选，后南北合并统一举行，并实行乡试、府试、会试三级考试制度，于第四代皇帝海陵汤王天德二年（1202年）设置殿试，形成四级科举考试制度。乡试即县级考试，合格者具府试资格；府试为全国分区域设点考试，府试合格者具会试资格；会试为国家级考试，会试合格者具殿试资格；殿试合格即为进士。考试科目有进士科、律科、经童科、制科、武举等。金国科举制度实行后，对科举所取之士的官职授任与擢升政策是，及第进士要先安排县级基层官职，仕途需从县级基层官职做起，中高级官员缺额补充，要分别从进士出身的低中级官员中选拔。此种官职授任与擢升政策实行后，吸引了大批汉族士子通过科举进入金朝的各级政府，使金朝官员成分发生很大变化，逐步改变了金初军人执政之局面，对金朝政局稳定和文化发展起到了极为重要的作用。另外金国在金熙宗完颜亶皇统时期还设置武举考试，但是未成定制，到金章宗完颜璟泰和年间，颁行武举之制《泰和式》，定制武举，规定武举考试分上、中、下三等，考试内容分马步射、枪术及问律、《孙子》《吴子》书问义等项。武举考试对生源资格不做限制，女真与其他族人均可报名，后来章宗还把武举正式纳入科举程序，与科举考试一并进行。

大理国是白族段氏家族于937年，在中国西南地区建立的多民族政权，开国皇帝太祖段思平，国都羊苴咩城（今云南大理）。大理国是个非常尊崇佛教的国家，自皇帝至百姓，大都笃信佛教，历代皇帝多于暮年禅位为僧。国家鼎盛时期，疆域曾覆盖云南、贵州、四川南部以及缅甸、老挝、越南北部等地区。1094年当朝宰相高升泰权倾朝野，废黜保定帝段正明，篡位称帝，改国号“大中”，1096年高升泰病重，因惧怕段氏政治集团的强大实力，遗嘱其子高泰明还位于段氏，当年高升泰病死，高泰明遵嘱拥文安帝段正淳继位，高泰明为相。史上以高升泰篡位的“大中”国为界，把大理国分为“前理”和“后理”。至1253年“后理”被大蒙古国覆灭，大理国共传19帝（含大中帝高升泰），历时310多年。大理国科举考试的文字史料也很鲜见，能见到的多为石刻文献，经史学专家考究，大理国的科举考试多效仿唐宋，分常科与制科。常科科目有文学词赋、道举、佛举等，道举与佛举的考试内容以儒学、道教、佛教经典为主，尤重儒学，具有明显的尊崇佛教特色。制科科目有洞明佛释、衡鉴君国等。

第五节　科举制度的中落

1206年，蒙古民族杰出的政治家、军事家铁木真统一蒙古各部后，被推举为成吉思汗，在斡难河河源建立大蒙古国，在位期间，发动多次对外征服战争，征服地域达西亚与中欧的黑海海滨，并于1217年和1227年分别灭亡西辽、西夏，1227年在扩充疆域的征程中病逝。1229年铁木真第三子窝阔台继父位，于1234年灭亡金国。后经贵由、蒙哥两位大蒙古国大汗的国力集聚与发展，至第五位大汗忽必烈时期，国力鼎盛，兵强马壮，1271年忽必烈改国号为元，建立元朝，正式称帝，定都燕京（今北京），称为大都，后世追尊忽必烈庙号元世祖。元世祖忽必烈为彰显帝位正统和至尊先祖，追尊前四位大蒙古国大汗铁木真、窝阔台、贵由、蒙哥为元朝皇帝，庙号分别为元太祖、元太宗、元定宗和元宪宗。

元朝建立后，元世祖经过两年的准备，开始实施攻打南宋计划，经过六年征战，在1279年对阵南宋的崖山海战中，南宋年仅七岁的末代皇帝赵昺葬海而亡，南宋覆灭，元朝完成国家统一大业。元世祖忽必烈戎马一生，征战无数，一统天下，建立了幅员辽阔的多民族统一国家，历史功绩与其祖父成吉思汗一样，是蒙古民族光辉历史的缔造者，也是中国历史上卓越的政治家和军事家。

对于科举制度，元朝是其最为中落的时期。自成吉思汗建立大蒙古国开始，国家一直处于开疆扩域和完成统一大业的连年征战之中，科举考试不是当时国家政治所急需，致使长期废而不行。元太宗窝阔台1234年灭亡金国后，各级地方政府急需管理人才，在此政治背景之下，先行权宜之策，确定举行科举考试，以进行地方政府官员选拔，并开始进行筹备工作，1237年（戊戌年）“诸路考试”举行，史上称其为“戊戌选试”，共录取四千多人，缓解了当时国家人才急缺的形势。但不久即“当世或以为非便，事复中止”，科举制度没能正式恢复和延续。元世祖忽必烈建立元朝后，即曾多次议事讨论恢复科举制度，元成宗、元武宗时期也曾再议“科举事”，但均无果。

“千呼万唤始出来”，时至元仁宗爱育黎拔力八达继位，先前官员选拔的推举、世家承袭荫叙以及由吏入仕等制度，弊端凸显，为整顿吏治，萌生并开始主张以儒治国之理念。皇庆二年（1313年）元仁宗诏令恢复科举，延祐二年（1315年），举行元朝的第一次正式科举考试。此时已距大蒙古国建立100多年，距忽必烈继位50多年，距元朝建立也已达40多年时间。

元朝的科举考试，在组织模式上沿袭南宋做法，只设进士一科，实行三年一个轮次和乡试（行省试）、会试（礼部试）、殿试（御试）三级考试制度。乡试在第一年的八月举行，会试在第二年二月举行，殿试通常在会试结束后的下个月举行。元朝的乡试和宋朝的解试一样，也是科举三级考试中的第一级考试，但考试组织的责任主体略有差别，宋朝解试的考试组织责任主体是州县政府，而元朝乡试的考试组织责任主体是省级政府。宋元两朝会试和殿试的考试组织责任主体均为皇朝礼部和皇帝，没有变化。后续明清两朝正式科举考试的称谓、考试性质与组织责任主体均全盘承元，基本没有变化。

元朝是一个民族歧视特征突出的王朝，所实行的科举制度也具有很强的民族歧视倾向，当时参加科举考试的考生，以出身民族为标准，被划分为四个等级和两个类型，考试分两个系列分别举行。

对考生划分的四个等级为：第一等级蒙古人；第二等级色目人（西夏族、回族、突厥语族群等西北地区少数民族）；第三等级汉人（专指长江以北的汉族）；第四等级南人（长江以南的汉族和南方地区的少数民族）。

对考生划分的两个类型为：第一类型蒙古人和色目人；

第二类型汉人和南人。

科举考试的两个系列，以当时的礼仪文化习俗（右为上首）为尊卑区分标准，以左右两榜为区分形式。

第一为右榜系列，考生为第一类型的蒙古人和色目人；第二为左榜系列，考生为第二类型的汉人和南人。两个系列的考试内容、方法以及要求也有非常大的不同。

考试实施：

一、乡试

第一场：右榜系列试经问五条。

左榜系列试明经二问，经义一道。

第二场：右榜系列试策问一道。

左榜系列试古赋、诏、诰、章、表内科一道。

第三场：右榜系列空堂不考。

左榜系列试策问一道。

二、会试

第一场：右榜系列试经问五条。

左榜系列试明经二问，经义一道。

第二场：右榜系列试策问一道，以时务命题，文章要求五百字以上。

左榜系列试古赋、诏、诰、章、表内科一道。

第三场：右榜系列空堂不考。

左榜系列试策问一道，以经史时务命题，文章要求一千字以上。

三、殿试

只考一场，两榜系列均考策问。右榜文章要求五百字以上，左榜文章要求一千字以上。

命题大纲与答案标准：经问题目均出自《四书》的《大学》《中庸》《论语》和《孟子》，以朱熹的《四书集注》做答案标准。

明经与经义题目均出自《五经》的《诗经》《尚书》《周易》《春秋》或《礼记》。《诗经》题目以朱熹注为答案标准，《尚书》题目以蔡沈注为答案标准，《周易》题目以程颐、朱熹注为答案标准，《春秋》题目以程颐等作的传为答案标准，《礼记》题目以古注为答案标准。

同时两个系列三级考试的命题难度不同，右榜容易，左榜难度则要高出很多。

从元朝科举考试的命题内容与答案标准来看，元朝开始将程朱理学确定为科举取士的标准，尤其是朱熹的《四书集注》。考生不但要学读诵背《四书》的正文，还要学读诵背朱熹的《四书集注》。此种科举考试要求，自此开始一直延续至明清时代，以程朱理学作为科举取士之标准，在中国维持了近六百年的时间。

元朝科举考试的举行、录取与及第授职情况：

一、举行情况

自元仁宗延祐二年（1315 年）第一次举行科举考试，到 1368 年明军进攻元大都，元惠宗北退草原的 54 年间，共举行了 16 次科举考试，每次的组织规模都不大，前 11 次在全国范围举行，后 5 次由于全国各地农民起义蜂起，致使科举考试受到很大影响，其考试所能覆盖地域已被很大程度的限制，组织规模基本不具备全国性。

元朝科举考试还有两次中停事件，关于这两次科举考试中停事件的介绍，还得从元朝的伯颜说起。元朝名为伯颜的人很多，但铭记史册的有两位，一位是元初出生于八邻部的伯颜，另一位是元末出生于蔑儿乞氏的伯颜，为便于区别，史上分称为元初伯颜和元末伯颜。元初伯颜骁勇善战、励精图治、知人善任，追随世祖忽必烈开疆拓土，助其完成国家统一大业，曾官拜中书左丞相，是位可歌可颂的开国功臣和治国贤相。元末伯颜则反之，为人奸诈、贪欲滔天、欺君虐民，自元武宗至元惠宗，历经八朝，称霸朝政三十多年，元惠宗即位后，官拜中书右丞相、上柱国等职，兼修国事，至元一年（1335 年）元惠宗罢中书左丞相而不置，赐元末伯颜“答剌汗”，子孙世袭。至此元末伯颜的权力达至顶峰，独揽朝廷大权。元末伯颜是个极端的民族歧视者，具有强烈的唯蒙古贵族独尊意识，尤其对人口众多的汉人和南人，充满鄙视和猜忌，刻骨仇视儒学文化和汉文化，于至元一年（1335 年）下令停止科举考试，致使至元二年（1336 年）和至元五年（1339 年）两次科举考试被迫中停，这一中停事件，史称“至元废科”。直到至元六年（1340 年），众叛亲离的元末伯颜，被其侄儿脱脱奏告，元惠宗以“变乱祖宗成宪，虐害天下”为由，罢其丞相等职，当年三月，诏徙南恩州阳春县安置，病死途中。至正元年（1341 年）八月，元惠宗恢复科举考试，史称“至正复科”。

元朝的最后一次科举考试，于元惠宗至正二十六年

（1366 年）举行，至正二十八年（1368 年）八月朱元璋的军队攻入元朝大都，元惠宗北退草原，元朝的科举考试历史结束。

二、录取与及第授职情况

元朝科举殿试录取时左右两榜各分三甲，第一甲各录取 1 人〔元惠宗元统元年（1333 年）殿试稍异其制，第一甲各录取 3 人〕，赐进士及第，授从六品衔；第二甲录取人数以右榜考生情况而定，赐进士出身，授正七品衔；第三甲录取人数也以右榜考生情况而定，赐同进士出身，授正八品衔。

元朝科举的录取人数与唐宋两朝，尤其是宋朝相比，实在不可相提并论。元朝各次科举的进士录取（包括进士及第、进士出身和同进士出身）数大都在三五十人至七八十人之间，最多的一次也只有一百余人，16 次科举考试，总共录取 1100 多人。而据相关史料统计，唐朝的 289 年之间，仅进士一科就录取 6000 余人，明经等诸科录取人数更是超过进士科的，宋朝的科举录取人数比唐朝更甚，仅宋仁宗一朝的 41 年间，就录取进士 4500 余人。

综上所述，“千呼万唤始出来”的元朝科举考试，其考试举行、录取与及第授职等情况，用白居易《琵琶行》中的连句“犹抱琵琶半遮面”概之，是颇为恰当的。

元朝科举考试制度实行时间晚、组织规模小、录取人数少，政府与社会的重视程度低，而且只开了科举的常科，科举制科、恩科均没有开科，除“五代十国”时期外，是中国科举历史上最为中落的一个朝代。

对于武举考试，由于蒙古贵族对汉人和南人的强烈不信任心态，为防止汉人和南人的反元斗争，元朝法律禁止汉人、南人拥有武器，不能集会，更不能研习武艺，因此武举制度在元朝，还不仅是中落，而是一直处于废停状态。

元朝科举制度中落，尤其是大蒙古国期间与元朝前期科举制度被长期废止，具有多方面的复杂原因。

第一，元世祖忽必烈灭亡南宋之前，国家官员补充，武官主要来源于战争功勋，文官主要来源于推举和世家的承袭荫叙，承袭荫叙主要是“诸职官者，其子孙可荫叙官之”，但子孙荫叙官职要比父祖官职低些。同时在其统治的中原等地域任用地主世家与汉族儒生为地方政府的官员，这些官员在其辖境之内，即统军又理民，起到了维护地方政府正常运转的作用。基于上述官员补充的多种渠道，元世祖忽必烈没有地方政府官员选拔的迫切需要。

第二，由于科举制度的废止，汉族儒生传统的以读书求功名，以科举入仕途之路被彻底堵断，相当数量迫于生活压力的儒生，屈就政府小吏，走上“先任吏，再当官”，也即“由吏入仕”的路途，且形成一股非常之大的儒生官吏群体，为求得自身生存，这个群体也演变成为极力排斥与对抗科举的重要力量。

这里对“由吏入仕”做点阐述。关于“官吏”的“官”与“吏”，在中国的唐宋时代，是两个意义完全不同的职务概念，“官”是通过科举，由国家正式授任的编制内领导干部，具有律法赋予的行政权力，是权力拥有者。而“吏”是非正途出身，是政府机构里聘用编制的普通办事人员，律法不赋予其行政权力，其工作任务就是执行和落实“官”之命令，属于地位低微的“不入主流”阶层。元朝之前，“由吏入仕”的情况极少，即使吏员凭借工作能力强和表现出色而“由吏入仕”，也被视为非正途，被人鄙视，很难升职高位。时至元世祖忽必烈时期，由于“吏”出自基层，熟悉业务，又具工作能力，很受追求务实作风的忽必烈青睐，于是大开以吏升官之门，“由吏入仕”逐渐成为官员选拔任用的一种主流办法。其办法最关键的操作程序是推荐，但当时并未形成基本的推荐标准与制度机制，弊端是显然的，当时的吏为能够被推荐而升级为官，大败风化，请托、贿赂、攀附、走后门的污浊之风盛起，至元仁宗时期已相当严重。

第三，元世祖忽必烈执政的中统、至元年间，仍属南征北战、西扩东争的历史时期，由于科举取士具有严重的汉化特点，汉化则意味着颠覆性的损害蒙古贵族特权与利益，而蒙古贵族是当时国家政治集团的中坚力量，也是国家政权的中流砥柱，容不得动摇。支持战争、增强军力、增加财力是当时的首要国策，课赋诗吟的科举考试，就只能被搁置在国家的政事议程之外了。

第四，当时的蒙古民族具有较强的游牧特性，对儒理文化的认知程度较低，蒙古族文化与汉族文化还处于初步融合阶段，民族等级尊卑现象很是严重，由于蒙古族文化对科举制度的强烈排斥特性，致使科举考试一直未能成为元朝政府官员选拔的主流制度，诸如进士录取后的任职使用情况差，尤其是左榜进士乃至状元，在元朝历史上找不出被朝廷重用的例子。加之诸多科举的不公政策，设置左右两榜和不同考试要求；两榜录取的同级别进士，实际职务授任差别甚大；再如蒙古人与色目人可以参加左榜考试，若被录取则可加一等授予品衔，但汉人与南人则不能参加右榜的考试等等。此类科举之不公，也是元朝科举制度中落的一个重要原因。

第五，元朝读书人的社会地位很低，几乎处于整个社会的最底层，当时按照所从事的社会职业，把人分为官员、吏员、僧人、道士、医生、工人（高级技术人员）、匠人（普通劳动人员）、娼妓、儒生和乞丐十个等级。普通的儒生被排在第九位，其社会地位仅高于乞丐，比娼妓还低一等，很不被人尊重。能够改变儒生命运的科举考试，自然受到社会意识形态的严重排斥，科举考试走向中落也就是必然之事了。

对于元朝的科举，若以单纯的科举意义进行评价，可圈可点的地方不是很多，但从推动中华文化的进步发展和科举制度的传承角度来看，仍是具有非常积极的意义的。

清末史学家柯劭忞曾对元朝科举的积极意义做出以下评价：

第一，元代科举由原来的举棋不定到后来正式开科取士，是提倡文治、推行汉化的重要举措，从而有力地推进了元政权的封建化进程。

第二，实行科举制度，提高了元代官僚集团的文化素质，还加强了蒙古族和各民族间文化教育的交流，使以儒家文化为主体的华夏文化通过科举而在各民族间广为传播，从而有力地促进了中华民族大融合。

第三，实行科举制度，使汉族与其他少数民族知识分子有可能通过科举晋身仕途，担任官职，从而进一步扩大了元政权的统治基础，缓和了蒙古贵族与汉族以及其他少数民族地主阶级和知识分子间的矛盾，使之成为维护和巩固元政权的政治力量。

第四，元代所实行的科举制度，对后续的明清两个王朝均产生了较大影响。明清两朝开科取士，大体上采用的仍是元仁宗制定的科举制度和实施办法，只是取消了民族歧视的相关做法，并在其基础上进行了发展、充实和完善，对于基本内容和实质内涵并未做大的改变。

自元仁宗开始，科举科目进一步得到简化，考试内容与答案标准以儒家经典四书、五经与程朱等理学家之注疏为主。明清两朝的科举程式，除进一步发展学校教育、预选考试以及在组织实施等具体措施上有所改革发展外，基本遵循元朝科举的相关规制。

第六节　科举制度的兴盛

元朝末年蒙古贵族对各民族，尤其是汉族百姓的掠夺和奴役十分残酷，官府横征暴敛，苛捐杂税甚重，百姓处于水深火热之中，民族矛盾和阶级矛盾极端尖锐，导致多起农民起义，当时的各路农民起义队伍中，以韩山童、刘福通、徐寿辉、郭子兴等领导的红巾军势力最大，郭子兴为江淮地区红巾军的领袖。当年朱元璋参加郭子兴的起义队伍，后独树旗帜，经过多年的势力扩大和南征北战，1368年攻入元大都（今北京），元惠宗北退草原，朱元璋称帝，以应天府（今南京）为国都，定国号为明，建立大明王朝，后世追尊朱元璋庙号明太祖。明朝第三位皇帝成祖朱棣永乐十九年（1422年）迁都顺天府（今北京），明崇祯十七年（1644年），李自成的农民起义军攻入北京，明朝末代皇帝思宗朱由检于煤山自缢，历经十二世，十六位皇帝后，明朝灭亡，历时276年。

明朝建立后，各级政府官员缺额很大，当时政府官员选拔还基本实行战争时期的荐举办法，已不能适应新建王朝的政治形势。明朝是汉族朱姓皇朝，尊崇汉儒文化。太祖朱元璋深知人才在经邦治国中的重要性，为了巩固王朝统治，在认真总结历代王朝兴衰盛亡经验教训的基础上，制定推行了一系列新政。出于选拔人才、改变政府官员成分和提高政府官员执政能力的需要，科举制度的承袭复行就被顺理成章地列入大明皇朝的政事日程。洪武三年（1370年）明太祖决定复行科举制度，颁发诏令“特设科举，以取怀才抱德之士，务在经明行修、博古通今、文质得中、名实相称。其中选者，朕得亲策于廷。观其学识，品其高下，而任之以官，果有材学出众者，待以显擢。使中外文武，皆由科举而选，非科举，毋得其官。”并于次年举行科举考试，共录取进士120名，录取后即进行官职授任，但由于前朝科举中落和多年改朝换代的战乱，造成民间读书风气不盛，读书士子锐减的社会现状，致使本次科举“所取多俊生少年，能以所学行事者寡”，没能选拔出具有真才实学的优秀人才，无奈之下，科举复行重被搁置，官员选拔再行荐举之策。明太祖建国后的这次科举考试，从组织形式和实施程序上看，应为科举的制科考试，虽然考试与选拔的效果不能使人满意，但却充分表达了明太祖行科举以选拔官员的强烈意愿，为明朝科举制度的复行和兴盛奠定了良好的政治基础。

明太祖经过十多年的准备，科举条件基本成熟，于洪武十五年（1382 年）诏令部署科举复行事，洪武十七年（1384 年）正式颁行《科举成式》，明确规定除郡学和国子监入学的一系列选拔考试，以及科举预选考试外，实行“三年一个轮次和乡试、会试、殿试三级考试，并以此为中央和地方各级政府仕进之人选官授职依据”的正式科举制度。

明朝《科举成式》所规定的科举制度，基本承袭宋元两朝之制，但其制度更加严谨科学。自此开始，明朝的科举制度即进入蓬勃发展的快车道，顺势驶入鼎盛时期，制度的实施效果均超过以往历代皇朝。

根据明太祖颁行的《科举成式》，明朝具备参加正式科举考试资格的考生，只有两种人，一种是科举生员，另一种是监生，科举生员和监生均为具有正式学籍的在册学生。因此要讲述明朝的科举制度，就需首先从明朝的学校情况讲起。

中国从商周开始，各朝帝王大都非常注重教育和创办学校，其目的是培养符合王朝“治国治人”要求的各类人才，为维护其统治地位服务。时至明朝，办学育人已成为基本国策，洪武年间，全国各级各类官学兴起，学校的教学内容以服务科举考试为重，学校的教育功能与科举选官功能密切融合，逐步形成“学校教育—科举考试—皇朝选官”的一条龙模式。

明朝实行省、府（州）、县三级地方行政管理制度，其中州分为直隶州和属州，直隶州由省直辖，法律地位低于府，高于县，可下辖少数县；属州隶属于府，法律地位相当于县。当时除地方省级政府外，国家和地方的府、州、县均建立官学，国家创办的官学为国子监，是全国最高学府，地方政府创办的官学为郡学，郡学包括府级政府创办的府学、州级政府创办的州学和县级政府创办的县学等，省级政府对各类郡学具有管理职责。

入郡学读书须经过童试系列的选拔考试，包括县试、府试和院试，亦即三级试。童试对报考考生没有年龄限制，县试和府试在省级政府的监管下，分别由县、府政府组织实施，考生县试合格则具府试资格，府试合格则具院试资格，院试由省级政府负责郡学管理的提学官主持，院试合格的考生，即被分配至相关府学、州学或县学去上学读书，成为具有正式学籍的在册学生，府学、州学和县学具有正式学籍的在册学生称为生员（亦称秀才）。

郡学的生员分为三个类型：

第一类型为定员计划内录取，伙食等费用由官府供给的生员，称为廪生。

第二类型为定员计划外增加名额录取的生员，称为增生。

第三类型为增生外再增加计划录取的生员，称为附生。

关于科举生员

当时的郡学生员是不具备直接参加科举考试资格的，在正式科举考试前，省级政府还要提前组织进行“岁考”“科试”等科举预选考试，参加科举预选考试的资格生源为郡学生员，科举预选考试合格的生员，即为科举生员。科举生员方具备参加正式科举考试的资格。

关于监生

国家官学国子监的学生称为监生，监生具备直接参加正式科举考试的资格。

国子监的监生分为四个类型：

第一类型是贡监。根据当时国家官学国子监的招生制度，国子监学生的主要来源，是通过考试从各类郡学中选拔出来的生员，此类生员称为贡生。贡生身份的监生即为贡监。

第二类型是荫监。以官宦子弟身份进入国子监的监生即为荫监。

第三类型是举监。以举人（曾参加科举乡试且成绩合格的人）身份进入国子监的监生即为举监。

第四类型是例监。通过捐资途径进入国子监的监生即为例监。

明朝对参加科举考试的考生，除规定必须具备科举生员或监生资格以外，还规定有其他一些严格的限制条件。

譬如：罢闲官吏、倡优之家、丁忧之人以及祖上具作奸犯科者等，均不具备参加科举考试的资格。

考试实施：

一、乡试

乡试是科举的省级地方选拔性考试，也是正式科举考试的第一级考试，由直隶和各省布政使司组织举行，考点为贡院，考生为辖区之内的监生和科举生员，考试分三场进行，时间通常为科举年的八月九日、十二日和十五日。

第一场：明初试四书义一道，经义二道。
后定式为试四书义三道，经义四道。

第二场：明初试论一道。
后定式为论一道，判五道，诏、诰、章、表内科一道。

第三场：明初试策一道。
后定式为经史时务策五道。

乡试是分省的选拔性考试，其合格录取工作，由各省根据考生成绩和国家下达的解额（当年的分省录取计划）进行，乡试合格的考生称为举人，第一名称为解元。

乡试在科举考试中不是一种孤立行为，它是正式科举考试的基础，其主要功能是为会试进行生源过滤和选拔，由于举人解额的严格限制，乡试是科举三级考试中竞争最为激烈的考试。

二、会试

会试是科举全国统一的选拔性考试，也是正式科举考试的第二级考试，由礼部组织举行，考生资格为举人，考试也分三场进行，时间通常在乡试第二年二月的初九日、十二日和十五日。各场考试的试题类型和考试方式与乡试相同。

会试的合格录取工作，由礼部根据考生成绩和国家下达的解额（当年的录取计划）进行，会试合格的考生称为贡士，第一名称为会元。

三、殿试

殿试是最高级别的科举考试，在会试当年全国统一举行，考生资格为贡士，考试一场进行，只试时务策一道，要求唯务直述，限一千字以上。试题由皇帝钦定或亲自拟命，考试由皇帝亲自主持。时间通常在三月，明初多为初一日，明宪宗成化八年改为十五日。同宋元制，殿试实行不淘汰制，没有黜落，只是进行考生成绩名次和甲第级别的排列确定。但名次甲第的排列确定，直接关系到所取进士官职授予的职级高低，其重要性也是不言而喻的。

正式科举的三级考试中，殿试的组织级别最高，但与乡试和会试相比，其考试效果的严谨程度却是最低的，录取结果的随意性很大，主考官员，尤其是皇帝的喜悦厌恶等主观片面性，往往高于客观公正性，诸如考生的体型相貌、姓名用字，甚至讲话口音等都会直接影响到录取结果，这是科举殿试的主要弊端所在。

殿试录取共分三甲。一甲录取三人，合称三鼎甲，三鼎甲均由皇帝钦定，赐进士及第。并仿南宋制，依序分别称为状元、榜眼和探花。

二甲和三甲录取人数无定制，录取情况视当年考生及其考试情况而定。二甲赐进士出身，三甲赐同进士出身。

进士及第、进士出身、同进士出身统称进士，由于殿试是由皇帝亲自主持的最高级别科举考试，因此殿试录取的进士，尤其是三鼎甲进士及第的状元、榜眼和探花，均被誉为“天子门生”。殿试录取的进士用黄纸书写张榜公布，称之金榜，考中进士被誉为金榜题名即缘于此。

明朝科举三级考试的解元、会元和状元，合称三元。考生能具“三元”中之“一元”，尤其是状元，即是辉煌之誉，光宗耀祖，若能连中三元，则是誉极之誉，霞红满天。明朝的276年间，获此殊荣的仅有洪武年间的黄观和正统年间的商辂两人。

黄观在太祖朱元璋和明惠宗朱允炆两朝颇得皇帝赏识，官运亨通，历任翰林院编撰、礼部右侍郎等职务，惠宗建文元年（1398年），当时身为燕王的明成祖朱棣拥兵自重，已具反意，黄观力谏惠宗除虎御患，无奈惠宗优柔寡断，终酿大祸。建文四年（1402年），朱棣发动“靖难之变”，夺位称帝，其后大肆诛杀惠宗旧臣，黄观携家人投江而死。

商辂连中三元后，历任翰林院修撰、兵部尚书、户部尚书兼文渊阁大学士、吏部尚书、太子少保、谨身大学士等职务，为官正直干练，德能俱全，为明王朝的治国理政做出很大贡献，史书颇为赞誉。

明朝科举殿试录取进士的官职授任情况

对于一甲进士及第的三鼎甲直接进行官职授任，状元授翰林院编撰，榜眼和探花授翰林院编修。对于二甲的进士出身和三甲的同进士出身，并不直接进行实职授任，为使其在为官任职后能够顺利履行职务，要先进行三年的岗前培训和实习锻炼，这就是史上著名的庶吉士制度和观政进士制度。其制度内容主要为：科举殿试名列二、三甲的进士要经过皇朝的再次复核考试，根据复核考试情况，成绩优等者，先授非实职的庶吉士身份，随即进入翰林院培训实习；其余的以观政进士身份进入皇朝六部、都察院、大理寺、通政司等相应的政府部门培训实习。通过翰林院或相关政府部门的行政业务学习和实际工作锻炼，提高其处理实际政务和军务的能力。三年后进行考核，依考核成绩情况，庶吉士分别授翰林院编修、翰林院检讨，观政进士则分发朝廷各部任主事等职务，或以知州、知县优先委用。明朝庶吉士出身的官员均升迁很快，明英宗以后，明朝基本形成非进士不入翰林，非翰林不入内阁的非规制规矩，由此可见，明朝庶吉士身份的重要程度。

明朝科举除其承袭宋元两朝三年一个轮次的三级考试制度以外，考试科目和内容也与元朝基本相同，即以经义、论、策和诏、诰、章、表等为科目，以四书、五经为内容，以四书义为程文形式。但明朝科举在承袭前朝规矩的基础上，又进一步进行了相关辅助制度的建设与改革，使其更加趋于完善和科学。贡院制度和南北分卷制度的复建与再行实施就是很好的实例。

关于贡院制度

贡院是当时科举考试的标准化考点，贡院制度宋朝即予创立，但明朝此制更为严谨苛刻，简单讲明朝的贡院制度就是考点规矩，涵盖主考、同考、搜检、巡绰、供给、提调、监试、试卷密封、试卷收发、试卷誊录、试卷评阅等考试官员（含工作人员）的职责和要求，以及考场规定、锁院规定、考生守则、防止考官和考生作弊措施、作弊惩戒办法等各个方面，制度律条细慎严谨，规矩规定明确，内容涵盖全面，很具威慑力和可操作性。明朝贡院制度的复建与再行实施，对维护科举考试的公平公正，确保科举考试的选拔效果和顺利举行起到了重大作用。

关于南北分卷制度

南北分卷制度宋朝曾经实行，但在实行过程中的严谨性较差，随意性较大。明朝南北分卷制度的复建与再行实施，是由明太宗时期的“南北榜事件”引发的，明初太祖洪武三十年（1397 年）科举会试，主考官由翰林学士刘三吾担任，刘三吾籍贯湖南茶陵，属南方人士，当年会试共录取贡士 52 人，尽为南方士子，史称“南榜”，榜后引发北方士子的强烈不满，聚众骚乱，围攻礼部衙门，指责刘三吾偏袒不公，行事有弊，形成南北士人的仇视与对抗局面，动静很大。太祖朱元璋诏令刘三吾重新评卷，并要求适当调整录取北方士子，但刘三吾是位倔强过头的儒士夫子，终未从命，致使太祖雷霆震怒，发配刘三吾“坐罪戍边”。后又经几番折腾，无奈复评试卷所涉官员均“学究气重，迂腐不窍”，宁死而不从圣意，最终还酿成科举评卷冤狱案。据相关史料分析，在此事件过程中，刘三吾等考试和评卷官员并不是身有罪错的，当时中国南北方地区的文化水平相差甚大，南方地区的士子文化水平要比北方地区高出很多，而科举会试与分区域的科举乡试不同，会试是全国统一标准的考试，使用全国统一试题，遵照全国统一评卷标准和执行依据考试成绩优劣的录取办法，北方士子全部落榜的可能性是完全存在的。但明朝的发祥地在南方，统一北方的时间较晚，又时值建国初期，太祖朱元璋为稳定政权、巩固统治，迫切需要笼络收复北方士子之心，是不愿会试录取的贡士全为南方士子的状况出现的，从国家政治高度考量，太祖朱元璋“适当调整录取北方士子”的策略也应是正确的。之后皇朝破科举例，又在当年举行了第二次会试，共录取贡士 61 人，全部为北方士子，史称“北榜”，方才平息了北方士子的不满情绪，这就是科举史上的“南北榜事件”。事件平息后，相关南北士子科举录取不平衡的问题，太祖朱元璋并未能从制度上予以根本解决，一直成为困扰明朝科举制度顺利实行的主要因素。直到洪熙年间，仁宗朱高炽建立南北分卷制度，规定科举会试“南方士子十分取六，北方士子十分取四”。后来到宣宗朱瞻基宣德年间，又建立并颁行南北中分卷制度，进一步规定科举会试“南方士子取之五五，北方士子取之三五，中部士子取之十”。在很大程度上，妥当解决了南北方以及偏远地区人才选拔不平衡的问题。当时明朝的地方行政区域划分为南北两直隶和十三行省以及非皇朝实际控制的边远地域，南直隶为现今的南京，北直隶为现今的北京，行省习惯称省。两直隶和十三行省被分为北五省、南五省和中五省。北五省包括北直隶（今北京）、山东、山西、陕西、河南；南五省包括南直隶（今南京）、浙江、江西、湖广（今湖南、湖北）、四川；中五省包括广东、福建、广西、贵州、云南；边远地域包括西藏等地。南北分卷制度的实质意义，是科举会试分南北中区域分配解额，按照分区域解额进行贡士录取，并不是对不同区域考生使用不同类型试卷进行考试。由于会试解额分配等问题，南北分卷制度在明朝也曾引起颇多争议，代宗朱祁钰景泰初年曾一度废除，但因涉及太多士子和地主集团利益，而遭强烈反对，景泰五年（1454 年）再次复行。南北分卷制度是对文化落后地区与先进地区科举取士的一种平衡策略，是完全正确的。因此，南北分卷制度的复建与再行实施，是科举制度发展过程中的一次重大改革，也是对作为国家基本政治制度的科举制度，所进行的重要完善，对明朝的国家稳定起到了积极作用。清朝对这项制度继续沿用并不断调整，乃至我们现今普通高考招生的分省来源计划制度，仍具有南北分卷制度的遗留色彩。

明朝科举制度完善，又有庞大学校教育体系的强力支撑，加之科举效果明显，导向明确，读书能科举，科举能做官，做官能耀祖，士子们趋之若鹜，动力超常，致使明朝的科举达到中国科举史上的最兴盛时期，形成并造就了中国深厚灿烂的科举文化。

然而，任何事情都不可能是完美无瑕的，明朝的科举考试也存在弊端，最主要的应为“八股”之害问题。明朝科举乡试和会试的第一场考试，所考内容主要是四书、五经，命设题目均为四书、五经中的文句，作答须依题意进行义理阐述，还须用古人语气，名曰“以代圣贤立言”，文章格式规定死板，结构须为规定程式，字数要求规定量数，句法要求完全对偶，亦即被后代痛批并摒弃的八股文章。具体讲来，八股文章就是作文时必须以破题、承题、起讲、入题、起股、出题、中股、后股、束股、收结为写作顺序，其中的起股、中股、后股、束股这四个部分还必须使用排比对偶且两两相对的双股行文，每个部分各须两段，共计八股文字组成。八股文章的危害极大，严重束缚考生思想，是维护封建专制的文化工具，同时也把科举制度本身引向歧途，明末清初的著名学者顾炎武曾愤慨评说“愚以为八股之害，甚于焚书”。

明朝科举制科开设科次不多，但所开制科，效果甚好。关于明代的科举制科，还有一段颇值品味的真实故事。江北山东秀才马愉，出身书香门第，自幼聪敏好学。幼时遇官乘轿乡行，群童随观，官戏童云：“红口白牙谁家子?”众童语塞，年仅4岁的马愉却略思对曰：“蟒袍玉带哪朝官?”官闻大悦，即赞：“此儿大才矣!”儿时学堂读书，曾携伴钻篱尝食农家樱桃，老师生怒责问：“拔薄障，钻狗洞，何人所为?”学童们面面相觑，难以回答，马愉却起身对曰：“步蟾宫，攀桂树，乃吾为之!”老师喜惊，勿斥反赞：“马愉对答恰合，具之天才，敢于认错，人之贤圣。”明成祖朱棣永乐十八年（1420年），马愉已出脱为满腹经纶，才高八斗的俊秀青年，参加山东科举乡试，考取第三名举人，次年春天赴京参加会试，中途染疾，耽误考期，无功返乡。永乐二十二年（1424 年）又行科举会试，但因母丧守孝，不能赴试，两期科举会试均不得成。直到明宣宗朱瞻基继位，于宣德二年（1427 年）举行盛典，特开科举制科，马愉顺利至京，会试中榜贡士，殿试文章锦绣，洋洋洒洒，宣宗皇帝阅之大喜，钦点为当科状元，授任翰林院修撰。此后由于人品高洁、性情谦和、善结同僚、为官敢当、忠孝节悌俱全，深得同朝官员敬重和宣宗皇帝赏识，历任太子太傅、通仪大夫、侍讲学士、礼部右侍郎、入阁宰辅等，并多次主持科举会试，英宗正统年间连中三元的商辂，科举会试的主考官就是马愉。正统十二年（1447 年）马愉病逝，英宗皇帝赐御葬，并破皇例追赐资善大夫阶名，翰林学士职名和吏部尚书官名，以示对其一生做人为官的表彰。

明朝的武举相对逊色甚多。其实在明初，太祖朱元璋就曾经提出开设武举的设想，当时也有大臣奏请“建武学，用武举”，但与太祖的武举设想差之较大，太祖认为建武学，用武举是“专讲韬略，不事经训，专习干戈，不闻俎豆，拘与一艺之偏之陋哉！”太祖的武举设想是创立能够寓武于文、文武兼备的高素质军事人才选拔制度。但在其执政的三十年时间里，只在科举试后加试骑、射、书、算、律等五事，系统的武举制度，一直未能建立。直到天顺八年（1464 年），英宗颁行《武举法》，开始进行武举考试，但许多有关武举考试的规制、程式等均未能完备。嘉靖年间武举考试还曾多次罢停，万历年间，曾试图开设“将才武科”，并拟定三场考试办法，第一场试马箭、步箭以及枪、刀、剑、戟、拳搏、击刺等法；第二场试营阵、地雷、火药、战车等项；第三场试兵法、天文、地理等理论，但因多故未能行之。以崇祯四年（1631 年）为界点，之前的明朝武举考试实行乡试、会试两级考试制度，之后实行乡试、会试、殿试三级考试制度。明朝的武举殿试是由末代皇帝开始实行的。

明朝武举从天顺八年（1464 年）开始，至崇祯十六年（1643 年）结束，共计 180 年时间，其中殿试从崇祯四年到崇祯十六年，只有 16 年时间，真正的武举殿试只开科五次。

第七节　科举制度的废止

1616 年中国北方的建州女真部首领努尔哈赤，在赫图阿拉（今辽宁新宾县境）称汗，建立后金王朝，1625 年迁都沈阳。1635 年后金第二位大汗皇太极改族名女真为满洲，1636 年改国号为大清，建立大清王朝，后世追尊皇太极庙号清太宗。1644 年明朝山海关守将吴三桂降清，大清摄政王多尔衮率清军入关，击败李自成的大顺军，攻占北京，同年（顺治元年）清世祖福临迁都北京。此后二十余年间，清朝相继平定李自成的大顺、张献忠的大西以及南明等政权，后又平定三藩之乱、统一郑氏家族盘踞的台湾，完成国家统一大业。

清朝是中国历史上最后一个中央集权的封建王朝，自清太宗皇太极崇德元年（1636 年）改国号大清算起，至末代皇帝溥仪宣统三年（1912 年 2 月 12 日）退位，历经十一位皇帝，历时 276 年。

清朝统治者具有一定的民族歧视性与狭隘性，但相对于元朝要显得开明一些，对汉儒文化的认知时间较早，认知程度也相对较高，早在入关前就对深具汉儒文化精髓的科举考试较为信奉。太宗皇太极天聪年间，便在八旗内部倡行科举，并于天聪八年（1634 年）四月，始行科举之制，太宗皇太极诏令礼部考取八旗通于文义之士，并录取十六人，均赐举人，各予衣一袭，免四丁，宴于礼部；崇德三年（1638 年）八月，再行科举，录取举人十人；崇德六年（1641 年）六月，对满、汉、蒙古士人又行科举，录取举人七人。当时的科举虽不甚规范，规模也小，录取人数也不多，但已充分说明，入关前的清朝统治者已经高瞻远瞩地、有意识地、主动地以科举文化为自身的政治统治和民族文化培养人才，并采取了满、汉、蒙古三族一体的科举选拔和录取机制，其科举考试内容也基本采用儒家经义，甚是注重对汉族封建官僚和汉族士人的笼络和使用，并以此获取社会更多阶层，尤其是士人阶层和官僚阶层的支持。相比元朝，清朝统治者的政治敏锐性和成熟度以及人才治国的长远眼光均要高出很多。

清朝定都北京后，随即承袭明朝科举之制，开始实行正式的科举制度。诸如地方官学入学选拔的童试三级试（县试、府试和院试），科举资格选拔的岁试、科试，正式科举的乡试、会试和殿试，三年一个轮次的科举规制，各级科举考试的考点、考场规则、考生守则、解额分配办法、南北分卷制度，以及考试性质、组织责任主体等均与明朝相一致。

但清朝科举考试的竞争程度要比以往朝代激烈得多，究其原因，主要有以下两点：

第一，随着社会的发展与进步，当时中国的汉儒文化，尤其是具汉儒文化精髓的科举文化已发展至相当高的水平，读书人士甚多，士子科举选拔比例的分母增大，水涨则船高，以致科举竞争程度加大。

第二，清朝官僚体系的官员成分问题，也是一个很重要的原因。清朝的官员成分与宋明时期有着很大区别，其最特别的是，大量满族人，尤其是八旗子弟不需通过科举，而以承袭等渠道就可以直接进入官僚体系担任官职，此种情况在宋明两朝是完全不可能的，由此便挤压了科举选官数量，致使士子科举选拔比例的分子缩小，科举竞争程度自然再度加大。

清朝科举选拔比例中分子与分母的逆向变化，急剧加大了科举考试的竞争激烈程度。因此清朝科举考试的组织实施程序、管理办法以及各种配套制度，较之科举兴盛的明朝，还要显得更为严苛、细化、谨慎，要求也更多。

关于清朝科举的常科系列考试

一、清朝的学校

清朝科举考试的报考资格要求与明朝基本一致，具有科举生员或监生身份的士人，方可报名参加正式的科举考试，科举生员或监生均为相关资质学校的在籍学生。由于在籍学生这一科举的最基本要求，促使清朝的办学风气更加高涨，各类建制的学校较之明朝更为丰富。

国家创办的官学：国子监，亦称国学或太学。

清廷宗人府创办的皇家子弟学校：宗学（招收太祖努尔哈赤之父塔克世的本支子孙）；觉罗学（招收太祖努尔哈赤之父塔克世兄弟支系子孙）；旗学（招收八旗子弟）。

地方政府创办的官学：府学、州学、县学。

私人创办的私学：坐馆（请老师到家里教授子弟）、家塾（老师在自己家里办学教授学生）、义学（绅士或家族在寺庙等场馆办学，教授穷家子弟）。

官私合办的学校：书院（私人创办，政府支持的学校）。清朝的书院非常兴盛，最著名的有衡阳的石鼓书院、河南的睢阳书院、庐山的白鹿洞书院和长沙的岳麓书院等。

二、地方官学的入学童试

清朝地方官学的入学童试，也分为县试、府试和院试三个阶段的三级试。

（一）县试。县试是地方官学入学的第一阶段考试，报考县试的考生称为童生，童生报考县试时要具写姓名、年龄、籍贯和上世三代（曾祖父、祖父、父）存、殁、已仕、未仕之履历情况；要取具同考五人相互保结，或具有本县廪生保结；须身家清白，不为优倡隶皂之子孙；不能有冒籍、匿丧、顶替、假捏姓氏名字、刑犯等不良个人记录。

县试要进行五场考试，第一场为正场，试四书文两篇、贴诗一首，并规定字数；第二场试四书文一篇、《孝经》

论一篇，雍正朝时还要默写《圣谕广训》等；第三场试四书文或五经文一篇、律赋一篇、贴诗一首等；第四、第五场通常连考，试时文、诗赋、经论、骈文等。县试合格的童生，即具参加府试资格。

（二）府试。府试是地方官学入学的第二阶段考试，府试的程序、内容、要求等与县试基本相同。府试合格的童生，即具参加院试资格。

（三）院试。院试是地方官学入学的第三阶段考试，院试的考试场次比县、府试多出一场，加考经解、史论、算术、时务策等内容。其余考试程序、内容、要求与府、县试基本相同。但院试的考试规矩要更为严格，比如为防止夹带作弊，考生入场要进行严格搜检，甚至要解发、袒衣，鞋袜、文具也要细致查之，不许将片纸只字携进考场；考生入场后，即行封门，禁止出入。院试合格的童生，即成为相关地方官学的正式生员。

三、科举的预选考试

清朝科举的预选考试也承袭明制，共有岁考和科考两种形式。

（一）岁考。岁考主要是对县学、州学、府学生员的学习情况进行考核，考核实行“六等黜陟法”，根据考试成绩对生员身份进行黜陟，最严重的黜陟处分为开除学籍，黜为庶民。以此为科举生员选拔的科考进行准备。

（二）科考。科考是选拔科举生员的考试，合格录取人数有解额限制，考试合格的生员即为科举生员，科举生员即具参加科举乡试的资格。

岁考与科考的考试内容，清初均为四书文二篇、经文一篇。雍正年间改岁考为四书文二篇；科考内容不变，仍为四书文二篇、经文一篇。

四、科举考试

（一）乡试。乡试共考试三场，第一场试四书三题，五经各四题，作答须全具八股文格式要求；第二场试论一篇，判五道，诏、诰、章、表择一道；第三场试经、史、时务策五道。乾隆年间进行调整，第一场试四书文三篇，五言八韵诗一首；第二场试经文五篇；第三场试策问五道，内容为经史、时务、政治等。乡试规矩较科举预选考试更为严格，对试前、试后、场内、场外等考试环节与场地均严立禁规，为防夹带，考生入场由值守兵卫进行搜检，必须穿拆缝衣服、单层鞋袜；皮衣不得有面、毡毯不得有里；成型食品都要切开检查；砚台、木炭、水壶、烛台乃至毛笔、提篮等用品的规格、材质都明确限制。对考试作弊的处罚也非常严厉，清朝科举考试因作弊而被处置问斩的案例，史书多有记载。

（二）会试。会试的考试场次、试题内容以及考试禁规等与乡试基本相同。但有些场次的考试题目须由皇帝钦命。

（三）殿试。殿试只进行一场考试，试时务策一道，试题由负责考试命题的官员多题拟出后，呈皇帝钦定，或由皇帝钦命。答卷评阅等工作也由皇帝亲自主持。

清朝科举考试及第的相关称谓与明朝相同，乡试合格称为举人，第一名称为解元；会试合格称为贡士，第一名称为会元；殿试合格称为进士，进士等第也分为三甲，一甲三人，分别称为状元、榜眼、探花。一甲赐进士及第，二甲赐进士出身，三甲赐同进士出身。

清朝科举殿试录取进士的官职授任情况时有不同，但主流情况是，一甲进士及第的状元授任翰林院编撰，榜眼和探花授任翰林院编修。二甲进士出身和三甲同进士出身的，再通过朝考分别授任翰林院庶吉士、六部主事、国子监学官或地方知州、县令等官职。同时与明朝相同，也辅有岗前培训的教习、见习等制度。

关于清朝科举的制科考试

清朝科举的制科考试，开科考试次数不多，开设科目主要有博学鸿词科和经济特科。博学鸿词科开科考试四次，经济特科开科考试一次。

康熙年间，科举常科的八股形式已引起朝野的广泛争议，圣宗玄烨已有意废除，但因多种因素干扰，一直难成定论，废除未能实行。博学鸿词科制科的开科，实际上是试图弥补常科八股所形成的弊端。康熙十八年（1379 年），圣宗玄烨诏令中央和地方政府官员“举荐学行兼优、文词卓越之士，不论已仕未仕，均可应考。”当年的博学鸿词科制科考试，考试一场，题目两道，赋一篇，诗一首。录取一等二十人，二等三十人，其余黜退。录取之士分别授任翰林院编修、翰林院检讨或侍读、侍讲等官职。

雍正年间，世宗胤禛也曾举行博学鸿词科制科考试，但因中央和地方政府官员举荐人数甚微，举办不甚成功。

乾隆元年（1736 年），高宗弘历也举行了博学鸿词科制科考试，考试两场，第一场试赋、诗、论各一道；第二场试经解、史论各一篇。录取一等五人，授任翰林院编修；二等十人，授任翰林院庶吉士。乾隆二年（1737 年）又举，录取一等一人，授任翰林院检讨；二等三人，授任翰林院检讨或庶吉士。

光绪二十三年（1897 年），贵州学政严修奏请开设科举经济特科制科考试。经济特科的“经济”是“经国济世”之意，显然是以选拔具有经时济变之才为目的。光绪二十四年（1898 年），德宗载湉诏令部署经济特科制科考试事宜。光绪二十八年（1902 年），“经济特科章程”颁布。次年考试举行，考试一场，试论一篇，策一道。录取一等九人，二等十八人，授任职务最低为知县或州佐。经济特科制科考试的举办，实与晚清政局及社会形势有关，迎合了当时振兴实业的呼声。

关于清朝科举的恩科考试

清朝的恩科举行次数同样不多，据相关史料记载，康熙五十二年（1713 年）、雍正元年（1723 年）、乾隆十七年（1752 年）、乾隆二十六年（1761 年）、乾隆三十六年（1771 年）各举行一次，共计五次。

关于清朝的武举考试

清朝武举也基本承袭明朝制度，正式的武举考试也实行乡试、会试和殿试三级考试制度。乡试和会试均试三场，第一场和第二场为外场，第一场试马射，第二场试步射，并辅之硬弓、舞刀、掇石等武艺技能；第三场为内场，试策论。殿试试策论和武艺技能，策论题目由皇帝钦定或钦命。嘉庆后武举殿试考试内容改为默写《孙子》《吴子》《司马法》《六韬》《尉缭子》《三略》《李卫公问对》等“武经七书”的部分内容和试武艺技能。殿试录取也分三甲，一甲第一名授任参将，第二名授任游击，第三名授任都司；二甲授任守备；三甲授任署守备。

科举制度的废除

清朝晚期，政治腐败，国势每况愈下，已成日西之势。18 世纪中叶至 19 世纪中叶，以英国为首的西方国家，工业革命已基本完成，日本明治维新后的产业革命也已出现高潮。工业革命是一般政治革命不可比拟的巨大变革，对推动人类现代化进程起到了不可替代的作用，其影响涉及人类社会生活的各个方面，使人类社会进入崭新的“蒸汽时代”，同时也对人类自然科学的发展产生了重要影响。轰轰烈烈进行的西方工业革命和日本明治维新产业革命，成就了帝国主义列强的扩张之势，他们对中国这个富饶财聚之地觊觎已久，大清王朝却视而不见，仍在夜郎自大，沉浸在“天朝大国”的迷梦之中。随之，世界列强开始对中国进行疯狂地掠夺侵略，第一次鸦片战争、第二次鸦片战争、英法联军攻占北京、中日甲午战争、英美法德俄日奥意八国联军攻占北京等侵略战争，均以清政府战败、赔款、割地为结局，先后分别签订了《南京条约》《天津条约》《北京条约》《瑷珲条约》《辛丑条约》等不平等条约，东方之珠香港、150多万平方公里的东北和西北土地、宝岛台湾等美丽山河相继被割让，集中华文化于一园的圆明园两遭洗劫，终成废墟，中国沦为半殖民地半封建社会。致使全国百姓积怨甚深，从而引发太平天国起义、捻军起义、回民起义以及义和团运动等多起民众起义，全国各地烽烟四起，清朝政府处于内忧外患、四面楚歌之中。中华有识之士均尖锐抨击朝政，强烈要求改革除弊、振兴国家，盛行于清朝的科举制度，也成为众矢之的，尤其是科举的八股取士之弊，更是被首当其冲地斥驳批判，改革科举并实行新型教育制度的呼声鹊起。同时在西方列强和东方日本国力崛起的强烈刺激之下，清朝政府决定实行新型学校教育与科举归于一途之国策。光绪二十九年（1903年），袁世凯、张之洞连衔折奏，指出科举阻碍新型教育制度实行，请求科举中额按年递减。次年，张之洞等又折奏：由于科举未停，导致新学设立受阻，而新学未能普遍设立，又使得科举不能立刻停止。光绪三十一年（1905年），袁世凯、张之洞等又奏“科举一日不废，士人皆有侥幸及第之心……学堂决无大兴之望”，请求立即废除科举制度。当年（1905年）9月2日，迫于多方压力，清廷颁布上谕：“自丙午科为始，所有乡会试一律停止，各省岁、科考试，亦即停止。”其上谕意为从光绪丙午年（1906年）开始，所有科举的相关考试全部停止，科举制度正式废除。同时国家官学全部裁撤，国子监改立清廷学部，主管全国学校教育，各省省城均设大学堂，各府与直隶州均设中学堂，各州县均设小学堂。

科举制度是中国历史上多代封建王朝，采用分科考试办法，进行官员选拔的国家基本政治制度。此制孕育于秦，萌生于汉，始创于隋，确立于唐，完善于宋，过渡于元，兴盛于明，废止于清。从隋朝大业元年（605 年）创立到清朝光绪三十一年（1905 年）正式废除，历时 1300 年，据相关史料统计，科举制度实行的 1300 年间，共产生 700 多名状元，近 11 万名进士，数百万名举人，秀才则需以千万数计，几乎所有的中国读书人都与科举有着千丝万缕的联系，也都有着自己悲喜忧乐的故事。

科举制度对中国多代封建王朝的政权建设、社会稳定、国家强盛、百姓乐业以及中华文化和古代教育的发展均起过巨大推进作用。尤其经科举制度选拔出来的进士群体，一直都是中国政治舞台上的主角，这些通过儒学教育培养出来的文人学士，协助皇帝执掌政治、经济、文化、外交等国家事务，维持多个封建王朝国家机器的有效运转，其中还不乏“繁荣”“昌盛”的伟大历史阶段，这都是科举制度的功绩体现。同时中国的科举制度在世界上也曾形成很大影响，越南、日本、朝鲜等国家均曾仿学并长期推行过科举制度，英国、法国、美国等西方国家的文官录用制度也曾借鉴中国的科举制度，中国近代伟大的民主主义革命家孙中山先生，就曾在《五权宪法》中充分肯定，“中国的科举制度是世界各国中所用以拔取真才之最古最好的制度”。中国科举制度所遵循并基本坚持的“自由报名、分级统考、平等竞争、择优录取、公开张榜”的考试录取原则，直至今天，仍具有极其重要的现实意义。

第八节 科举舞弊与惩治

中国历史上的科举制度，由于其公平公正的制度特性，而被冠以“天下至公”的美誉。科举既是中国古代封建王朝选拔人才、巩固统治的政治工具，同时也是中国古代文人士子，尤其是庶族士子改变前途命运，实现“鲤鱼跃龙门”的唯一途径。“十年寒窗无人问，一举成名天下知”，“朝为田舍郎，暮登天子堂”等励志寄语，均在文人士子面前呈现出一条金碧辉煌的达官显贵之路，苦读圣贤书，学而优则仕，只要科举成功，即可前程锦绣，还能光宗耀祖。科举的利益之大、诱惑之大，不可言宣。天下熙熙，皆为利来，天下攘攘，皆为利往，能够“改命顺运”的科举尤其如此。这样一来，科举作弊与科举考试就如同一对孪生兄弟，相伴而生。中国科举制度实行的1300年间，科举作弊如同顽疴痼疾，与防止并惩治作弊魔道并存，一邪一正，相生相克，结伴而行，从未停止。

唐朝时期，士子们科举考试合格后，还需通过保举推荐方可被录取，保举推荐与科举考试制度并行，且保举推荐制度对取士所起的作用很大，科举考试成绩还不是皇朝取士的唯一决定因素。因而此时取士作弊的主要市场在科场之外，以士子请托政坛巨擘、文坛大家、豪门权贵，求得保举推荐，或以贿赂主事官员求其行私录取等方式进行，科场考试作弊现象还不甚严重。当时盛行的“驱驰府寺之门，出入王公之第，上启陈诗，唯希咳唾之泽”之风，就是其取士作弊情况的真实反映。唐玄宗时期，皇朝的一些不法不廉官员结成“朋党”，聚成势力，专营科举取士行私之事，对科举制度的实行造成极大干扰和破坏，出身寒微无权无势的优秀士子纷纷被挤下科举榜文，时常引起落榜士子的喧讼闹事。民间曾编排科举民谣以讽之：“欲入举场，先问苏张，苏张犹可，三杨杀我。”民谣所指的苏张与三杨，即为苏景文、张元夫、杨汝士、杨虞卿和杨汉公，均为“上扰宰政、下干有司”，权倾朝野和不可一世的朝廷重臣，凡被他们保举推荐之人，肯定百荐百中，无一遗失。当时也有一些“心秉大公”之主事官员，但因权势胁迫，或因亲故情面难却，而突破做人为官的道德底线，或随波逐流，或狼狈为奸。以致形成“科考未行，录取之事考官已于胸中”的混乱局面。唐朝当时对于科举取士作弊的惩治，未能形成科学有效的国家制度，其重视程度也不是很高，处理也不够严厉，基本是遇事说事和就事论事，绝大部分的科举弊事均不了了之。诸如史料记载的科举“朋党案”“东西二甲案”等。直到唐宣宗时期，科举作弊已严重影响到国家人才选拔之政略，方引起皇朝的高度重视，时逢科举“宏词举人案”发生，轰动朝野，社会影响极为恶劣，唐宣宗盛怒，谕令严厉处置，方将主考官刑部郎中唐扶贬为处州刺史，已被录取的十人也全部革除功名。这是唐朝科举弊案处理的首例，当时的警戒威慑作用还是非常大的。

自宋太祖废止科举取士的保举推荐制度后，科举考试成绩成为皇朝取士的主要依据。随着科举制度的变革，科举作弊的方式也随之改变，科举作弊开始向科场内部转移。由于科举考试严格的试题作答要求、严密的考试管理办法、严明的考场纪律规矩、严苛的安全保密措施，以及层层选拔、逐级淘汰的金字塔式录取方式，再加之残酷的竞争机制，对读书士子们提出了极高、极严的应考要求。自童生到生员，再到科举生员或监生，要历经县考、府考、院考、岁考、科考等多级科举选拔考试，取得正式科举考试资格后，还要参加乡试、会试和殿试。从童生攀至进士，摸爬滚打、披荆斩棘，一路下来，伤痕累累、身心俱疲，其中的艰难困苦可想而知。在巨大的科举压力和功利之心驱使下，一些考生便寻求捷径，铤而走险，采用夹带、抄袭、冒籍、替考、贿买主考官员等方式，花样翻新地钻营着科举作弊，致使防止科举作弊的制度建设与惩治作弊的措施完善，成为多代封建王朝的国策大事，相继建立的贡院制度、锁院制度、糊名密封制度、誊录制度、别试制度等科举保障制度，以及相关科举作弊的惩治律法，对严格维护科举考试的效力以及科举的制度意义，圆满实现皇朝选才取士的国家意志，起到了坚强的支撑作用。

自隋唐到明清，中国历史上发生的科举弊案很多，就皇朝对涉案人员的处罚情况来看，应属清朝最为严厉。

下面遴选几桩科举作弊案例。

案例一

明朝万历年间的一次科举会试，非读书士人出身的沈同和居然考了个第一名，“荣获”会元。一位颇具文采又甚明沈同和底细的考生很是气愤，竟拿泥巴将皇榜上沈同和的名字抹盖，随后抹泥事件迅速发酵，社会舆论纷起，考生们聚成示威队伍，以科举存私不公为口号，进行游行请愿，引起万历皇帝高度重视，谕令严查。礼部遵旨对本次会试所录取的贡士进行复试，沈同和复试答卷极劣，几经审讯，案情大白，属沈同和与赵鸣洋共同作弊。赵鸣洋倒是位满腹经纶的才子，其与沈同和为儿女亲家，碍于姻亲情面，参与了科场作弊。弊案关节是沈同和通过重金贿赂，买通相关主考官员，自乡试到会试，均将二人安排在同一字号的科试号舍，使用抄袭或由赵鸣洋代为答卷的作弊办法，乡试顺利过关，两人均弄了个举人，实在自鸣得意。接着如法炮制，再行会试，沈同和居然得了个第一名，赵鸣洋“帮忙”过于劳神，影响了自己答卷，成绩反逊色于沈同和，但也考了个第六名。结案后，二人均被施以杖刑并革除功名，沈同和发配戍边，赵鸣洋永不录用，相关主考官员也不同程度地被施以降职处分。就此弊案的惩处情况来看，与清朝相比，其力度应该是非常轻的。

案例二

清朝顺治九年（1652 年），顺天府乡试发生科场弊案。顺天府科举作弊，在明末已成风气，清初弊风未改。当次科举乡试主考官李振邺、副主考官张我朴等官员，接受顺天府给事中陆贻吉、博士蔡元义、进士项绍芳的请托和贿赂，行私录取，所取举人大多荒唐。榜发后，骤起社会议论，更有落榜考生告状喊冤。同为给事中的任克溥直接上疏皇帝进行揭发，经立案调查，科场作弊情况属实。顺治皇帝大怒，诏令刑判：李振邺、张我朴、陆贻吉、蔡元义、项绍芳以及中试举人田耜、邬作霖“立斩”，家产籍没，父母兄弟妻子俱徙尚阳堡。又谕令礼部：“今年顺天乡试，发榜之后，物议沸腾，同考官李振邺等，中试举人田耜等，贿赂关节，已经查实正法。其余中试各卷，岂皆文理平通，尽无情弊？尔部即将顺天乡试中试举人，速传来京，候朕亲行复试，不许迟延规避。”当次复试时间和考题，均由顺治皇帝钦定，考试也由顺治皇帝亲自主持。由皇帝亲自主持乡试，这是科举有史以来的第一次，可见清朝对科场作弊的重视程度是非常高的。次年正月十七日，复试在北京中南海瀛台举行，中试举人们均由两名军校持刀挟护，押进考场进行考试。二十五日发榜，苏洪濬等 8 名原中试举人的功名被革除。四月二十三日，顺治皇帝在太和门亲审本次顺天乡试弊案的其余人犯，把原拟定处判死刑的 25 人痛加训斥后，“俱从宽免死，各责四十板刑，流徙尚阳堡”。同时口谕警示：“自今以后，凡考官士子，须当恪遵功令，痛改积习，持廉秉公……如再有犯此等情罪者，必不姑宥”。

为保证科举考试的公平公正，防止科场作弊和科考腐败，清朝对科举作弊的处罚非常严厉，依《大清律例》，科场作弊者要被枷号游街三个月，再发配至边远地区从军。但在弊案处理时，施刑往往要比《大清律例》的刑规还要严酷。顺天乡试弊案开始了清朝严惩科举作弊的先例，其后将科举作弊考官等案犯处以极刑，竟然成为清朝的定制律条。

案例三

清朝顺治十四年（1657 年），江宁（今南京）科举乡试，主考官方犹、副主考官钱开宗等二十余名官员受贿作弊，发榜之前，科场作弊之关节即已风传社会，发榜后风传之事俱已印证，方章钺等多个众所周知的品学低劣之徒竟登之于榜，而在当地颇具盛名的尤侗、汤传楹等饱学之士却名落孙山。文庙观榜现场引发骚乱，参加考试的士子们愤怒至极，撕毁榜文，并贴对联“孔方主试合钱伸，题义先分富与贫”于贡院大门，上联影射主、副考官方犹和钱开宗，下联借用当次乡试题目“贫而无谄”，喻指考官受贿，发泄胸中愤懑，士子们聚集在一起围追方犹等离宁之船，骂声连天，砖石瓦砾如蝗，直飞官船，方犹等主考官员狼狈至极。江宁科举乡试弊事传至北京，顺治皇帝得知奏报后，龙颜震怒，诏令彻查，同样召江宁乡试中试举人至京复试，次年正月，顺治皇帝钦命试题并仍在中南海瀛台亲自主持复试，中试举人们仍由两名军校持刀挟护，押进考场进行考试。试后 14 名原中试举人被革除功名，同时案情也已查明，考官受贿行私之罪属实，主考官方犹、副主考官钱开宗被极刑正法，17 名考官被处绞刑，连带妻室家产籍没入官。方章钺等 8 名考生俱责四十板刑，家产籍没入官，全家人口流徙宁古塔。本次科场弊案严厉惩罚后，致使朝野震动，着实起到了“重典治乱，猛药去疴”的鲜明效果，此后的五十年时间里，清朝科场作弊现象几近绝迹。

案例四

清朝康熙五十年（1771 年），无独有偶，旧戏翻版，又是江南乡试，再次发生震惊朝野的科场作弊大案。本次江南乡试主、副考官分别为左子番和赵晋。当时清朝的漕运行业兴盛，江南盐商富甲一方，为使其子弟能够科举入仕，盐商们勾结官府串通关节，纷纷向主考官员行贿，致使本次江南乡试的举人录取极为不公，考完发榜，同样是饱学之士落榜，不学无术之徒上榜，参加考试的士子们哗然，贴对联“左丘明两眼无珠，赵子龙一身是胆”于贡院大门，上下联分别喻指主考官左子番枉法作弊狠不眨眼，副主考官赵晋受贿行私胆大妄为，士子们聚集游行，声势极大，再震朝廷，康熙帝严令彻查。案查结果：赵晋等主考官员与时任两江总督的噶礼联手受贿行私，赵晋受贿数额巨大。赵晋等主考官员在当次科举乡试中，采取设置关节之作弊手段，授意行贿考生在答卷上藏写“其实有”三字，并对凡藏写此三字的考生，一律予以录取。案结后，赵晋等首犯五人被处刑斩首，两江总督噶礼与主考官左子番被革职罢官，相关涉案考生被革除功名，并加处今生不得再行参加科举考试的处罚。

案例五

清朝咸丰八年（1858 年），顺天府乡试，由于顺天府为京城所在地，天子脚下，当次考试的组织规格很高。主考官为大学士柏俊，副主考为户部尚书朱凤标和左副都御史程庭桂。试后发榜，居榜前第七名的举人为满族旗人平龄，这个平龄是位京戏票友，经常喜欢到剧园唱戏，社会人士一直认为他是正式优伶，根据《大清律例》，是严禁优伶参加科举的，此事一出，舆论大哗，并引发士子聚集闹事的群体事件。咸丰皇帝诏谕怡亲王载垣、郑亲王端华和兵部尚书陈孚恩彻查此案。经查，平龄唱戏行为属实，但本人并非从事优伶之业，实为发烧票友一类，具备科举资格。但再深查平龄答卷时，却发现其考试墨卷与朱卷不相符合，墨卷中的多处错误在朱卷中被誊录正确。当时的墨卷是考生的考场答卷，蘸黑墨书写，朱卷是誊录抄写手复抄的考生答卷，蘸红墨书写，考生答卷与复抄答卷以“墨”“朱”两色区分。平龄及相关誊录官员均被捕入狱，在案情还未审理明白时，平龄却于狱中死亡，其他誊录人员又拒不认弊，在死无对证的情况下，案件审理只能终止。载垣、端华等拟定对主、副考官及相关考试官员罚禄处理的结案意见，并呈报咸丰皇帝。

此时，与主考官柏俊素来不睦，时任内阁学士的铁腕能臣肃顺奏谏，请求核查当次科举乡试所有中试举人答卷，以究其竟。咸丰皇帝准奏，并诏谕刑部主持核查工作，经核查所录取的300名举人答卷，竟然有字错别误、格式不符、答卷涂改等问题答卷50多份，占比高达六分之一，咸丰皇帝非常恼怒，即行严令兵部尚书陈孚恩再次接手深查。陈孚恩查案很具心思，捋线索追，查至一位官居刑部七品主事的考生罗鸿绎，终使水落石出，案情大白。罗鸿绎这个七品主事不甚读书，其七品官职是用钱买来的，此人水平不济，但野心很大，对官至七品很不满足，总想科举考个功名，把官再当大些，又苦于胸无文墨，冥思之后，旧法重用，拿出500两贿银，请兵部侍郎李鹤龄帮忙，李鹤龄通过贿赂手段，用贿银300两打通当次乡试同考官浦安的关系，由浦安着办此事，但浦安深知主考官柏俊清廉为官、本分做事的秉性，并未使用贿赂之法，而是充分利用柏俊注重人情世故的软肋，苦心斡旋，精心“运作”，致使柏俊碍于同僚情面，失去原则底线，把文不入流的罗鸿绎录取为第238名举人。事成后罗鸿绎依俗行拜师礼，敬送柏俊礼银16两，柏俊还回赠之，至此，案情大白天下。

从整个案件过程来看，主考官柏俊算不得受贿，只是遵循了一次官场的“潜规则”而已，但此“潜规则”的遵循，却造成遗恨终生的原则性错误。科举制度是国之重策，尤其在清朝，科场作弊是动摇国基之大罪。本次科场弊案，使身为皇朝一品大学士的主考官柏俊被判“斩立决”，同案犯浦安、李鹤龄、罗鸿绎被判“菜市口斩首”，副主考官朱凤标、程庭桂被罢官解职。

第二章　晚清与民国时期的高等教育及其招生

第一节　晚清时期的大学堂及其招生

晚清时期的大学堂

第一次鸦片战争以后，中国的国门洞开，继之发生第二次鸦片战争、中日甲午战争和八国联军侵华战争，短短五十年时间，中国备受世界列强的掠夺与凌辱，曾经的东方天朝大国，彻底沦为半殖民地半封建社会。残酷的社会现实，迫使中国的志士仁人，在痛苦的反思之中，艰难地探寻着国家富强之路。以“中学为体，西学为用”为指导思想，以“师夷长技以制夷”为行动方针的晚清洋务运动，就是在民族危急存亡的历史关头迈出的沉重一步，在中国近代掀起第一波追逐现代化的浪潮。在文化教育方面，以“学习西文、西艺”为目的的新式学堂，在中华大地上应运而生，并迅速成长起来。尤其在1901年清政府试行“新政”，颁布《人才为政事之本》的兴学诏书，谕令各省督抚学政兴办各级学堂，此后，全国绝大多数省份均开办大、中、小各级各类学堂。1902年清政府又颁布《钦定学堂章程》，以国家律法形式对各级各类学堂的教育教学和管理进行规范。1905年科举制度废除后，奠定了学堂教育的社会基础，完成了中国古代教育向近现代教育的实质性转型，学堂式的近现代教育进入快速蓬勃发展时期。下面遴选几所晚清时期创建的大学堂，予以简单介绍。

一、北洋大学堂

1892年晚清著名教育家、实业家、洋务派代表人士，时任天津海关道的盛宣怀，在支持新式教育的直隶总督兼北洋大臣王文韶的帮助下，奏请创办大学堂，获得清政府的批准后，即开始在天津进行北洋西学学堂的筹办工作。

1895年10月2日，盛宣怀倾尽心血的北洋西学学堂在天津正式成立，次年更名为北洋大学堂，是中国第一所命名为“大学堂”的高等学校。创建初期，大学堂设立头等学堂和二等学堂，头等学堂相当于当时西方国家的大学本科，二等学堂为预科，相当于中学层次教育。头等学堂学制四年，分基础课程和专业课程进行教学，共设置工程学、电学、矿务学、机器学、律例学等五个专业，开设基础课程20余门，专业课程30余门。二等学堂学制也为四年，招收13岁至15岁学生，主要开设课程有英文、数学、朗读、各国史鉴、舆地学、格物学、平面量地法等20余门。北洋大学堂的创办，不仅推动了我国第一个近现代大学学制的产生，为我国高等学校初创时期的体系建立起到了示范作用，此外，更为重要的是它结束了中国长达一千多年的封建专制教育历史，开启了中国近现代教育的航程。

1900年八国联军侵华，北洋大学堂被迫停止办学两年。

1902年北洋大学堂重新复校。到1912年中华民国成立，北洋大学堂共培养毕业及肄业生500多人，为我国近现代教育、科技和实业领域培养了一批奠基的专家学者，对采矿、冶金、土木、水利、机械工程、铁路交通、财政金融、政法、外交等事业的发展，做出了开创性的贡献。

1912年北洋大学堂改名为北洋大学校。

1913年北洋大学校又改名为国立北洋大学。

1928年北平大学区成立，国立北洋大学改名为北洋工学院。

1937年7月7日卢沟桥事变，日本全面侵华战争爆发，7月29日北平沦陷，7月30日天津沦陷，9月10日北平大学、北平师范大学、北洋工学院等高等学校西迁西安，组成西安临时大学。

1937年11月8日太原沦陷，战火燃至黄河岸边，西安临时大学又被迫迁至陕南，改校名为西北联合大学，次年7月，西北联合大学进行改组，成立国立西北工学院、国立西北大学、国立西北师范学院、国立西北农学院和国立西北医学院等五所独立的国立大学。

1945年抗日战争胜利后，国立西北工学院回迁天津复校，并恢复国立北洋大学校名，学校下设理、工两个学院，共12个系。次年恢复招生，因是复校之初，西迁期间的学生纷纷返津，其中还有很多不是原国立西北工学院的学生，也欲进入国立北洋大学学习，为理顺教学秩序，当年国立北洋大学招生涵盖了全部四个年级，实行考试成绩审核办法。此后学校发展顺利，院系分科亦日趋完备。

1951 年国立北洋大学与河北工学院合并，定校名为天津大学。

二、京师大学堂

京师大学堂创建于 1898 年戊戌维新运动时期，是清政府建立的大学堂。成立之初，除承担教育教学，培养新型人才的职能以外，还兼顾国家教育行政管理职能，统辖各省学堂。

1900 年京师大学堂先遭义和团冲击，后又被八国联军的德、俄侵略军占据作为军营，藏书、仪器等大部分损坏，被迫停止办学两年。

1902 年 10 月复校后，因时制宜，首先举办速成和预备两科，速成科分为仕学馆和师范馆，次年增设进士馆、译学馆、医学实业馆。预备科分政科和艺科。招生工作由全国各省督抚配合，实行各省先行选拔，再送京师参加全国统一考试的录取办法。统一考试的考生成绩评价实行 100 分制，以 60 分作为及格标准制度，这是我国学生成绩评价实行“以 60 分为及格标准的 100 分制”的开端。

1904 年师范馆改为优级师范科。

1905 年科举制度废止后，国子监停办，国子监学生直接进入京师大学堂学习。

1908 年优级师范科又改为京师优级师范学堂，后独立设校。1912 年京师优级师范学堂改名为北京高等师范学校，1923 年又改名为北平师范大学，1931 年北平师范大学与北平女子师范大学合并，定名为国立北平师范大学，1949 年更名为北京师范大学。

1910 年京师大学堂开办分科大学，共设经科、法政科、文科、格致科、农科、工科、商科等七个科类，经科开设诗经、周礼、春秋左传三个专业；法政科开设政治、法律两个专业；文科开设中国文学、中国史学两个专业；格致科开设地质、化学两个专业；农科开设农学专业；工科开设土木、矿冶两个专业；商科开设银行保险专业，共计十三个专业。基本形成一所颇具近现代意义的综合性大学。

1912 年京师大学堂改名为国立北京大学。

1937 年抗日战争爆发，国立北京大学南迁长沙，与同时南迁长沙的国立清华大学和私立南开大学，联合组建国立长沙临时大学，于当年 11 月 1 日正式开学上课。

1937 年 12 月 13 日南京沦陷，武汉危急，长沙局势也十分危险，1938 年 1 月 20 日国立长沙临时大学被迫决定再次转移，2 月 19 日开始西迁昆明，同年 4 月在昆明改名为国立西南联合大学。

抗日战争胜利后的 1946 年，国立西南联合大学解散，师范学院留昆独立设校（后发展为现今的云南师范大学），国立北京大学、国立清华大学和私立南开大学三校分别回迁北京（或天津）复校。

1949 年国立北京大学更名为北京大学。

三、自强学堂

自强学堂是1893年湖广总督张之洞为培养“精晓洋文”的新型外语人才，奏请清政府批准而创建的新式高等专门学堂。学堂创办后，便一改中国旧式书院“学不分专门”的成法传统，而仿效西方国家的高等教育模式，率先实行分科分班的教学体制，在全国各类学堂和书院中起到了良好的示范带头作用。当时自强学堂设置方言、算学、格致和商务四科，每科招收学生20人。1896年为进一步强化外语人才的培养目标，进行学科设置调整，算学科移归两湖书院，格致和商务不再单独设科，只是作为附列课程。方言科扩大为英语、法语、德语、俄语四个门类，每个门类招生人数增加至30人，1898年又增开日语门类。

1902年自强学堂改名为方言学堂，学生主修外语课程，兼修历史、地理、公法、交涉等辅助课程，学堂的外语特色已经非常鲜明。

1913年至1928年，方言学堂经过国立武昌高等师范学校、国立武昌师范大学、国立武昌大学、国立武昌中山大学和国立武汉大学五次校名更改。在方言学堂的基础上，合并组建，学校迅速发展壮大，当时已成为相当规模的综合性大学。

1949年国立武汉大学更名为武汉大学。

四、四川中西学堂

1895年时任四川总督，后任军机大臣的洋务派人士鹿传霖，奏请清政府创办四川中西学堂获准，1896年6月18日四川中西学堂成立并正式开学，学堂开设英法文科和算学科等科目，当时的算学科包括数学、物理、化学等理科科类，学堂课程开设全面，达26门之多。

1902年四川中西学堂、尊经学院、锦江书院奉旨合并组建四川大学堂，随后又改为四川高等学堂。

自1905年到1910年的五年期间，四川的各类高等学堂如雨后春笋般的建立，相继建成四川师范学堂、四川法政学堂、四川农业学堂、四川藏文学堂、四川工业学堂和四川存古学堂等六大学堂，形成清末四川高等教育的庞大阵容。

1912年四川高等学堂改为四川高等学校，其他六大学堂也分别改为四川高等师范学校以及四川公立法政、农业、外国语、工业、国学专门学校。

1916年四川高等学校与四川高等师范学校合并组建国立成都高等师范学校，当时全国划分为南京、北京、广州、武昌、成都、沈阳六大学区，每个学区均设立一所高等师范学校，时称“六大高师”，国立成都高等师范学校即为当时的“六大高师”之一，也是西南地区的最高学府。

1926年在国立成都高等师范学校的基础上，组建了国立成都大学和国立成都师范大学。同时四川公立法政、农业、外国语、工业、国学等五大专门学校合并组建为公立四川大学，形成四川地区高等教育三强鼎立的蓬勃发展局面。

1931年国立成都大学、国立成都师范大学和公立四川大学强强合并，组建为国立四川大学。

1950年国立四川大学更名为四川大学。

五、山西大学堂

1901 年清政府实行“新政”，兴办学堂是所谓新政中教育变革的主要内容。对于兴办新型学堂，光绪皇帝诏谕“除京师大学堂应切实整顿外，着各省所有书院物于省城均改设大学堂，各府厅直隶州均设中学堂，各州县均设小学堂。”当时山西省会太原设有晋阳书院和令德堂两所书院，“百日维新”期间，令德堂曾改为山西省会学堂，进行过一定程度的改革。1902 年，山西巡抚岑春煊遵照谕旨，将令德堂改设为山西大学堂，接收晋阳书院和令德堂的学生后开学上课，山西大学堂正式成立。

当时的山西大学堂分中学专斋和西学专斋。西学专斋由英国人李提摩太负责办学管理。

中学专斋设有高等科和预科，高等科分为主文与主理两类，开设课程有经学、英文、日文、法文、俄文、代数、几何、物理、化学、生物、地理、历史以及图画、音乐、体操等。

西学专斋开设课程有英文、文学、法律、数学、物理、化学、采矿、格致、世界历史、图画、体操，以及理化试验等。至 1908 年，西学专斋发展为法律、矿学、格致、工程等四科。

1912 年山西大学堂改名为山西大学校，中学专斋与西学专斋合并调整后，重新设立了预科和本科，预科为一、二两部，一部为文法科，二部为理工科；本科分文、法、工三科。

1918 年山西大学校改名为国立山西大学，是民国初期继国立北京大学和国立北洋大学之后，被冠名“国立”的大学。

1931年国立山西大学改名为山西大学。

1953年全国高校院系调整，山西大学建制被撤销。学校的文、理两个学院合并组建成立山西师范学院；工学院调整部分专业到北京钢铁学院（今北京科技大学）或西北工学院（今西北工业大学）后，独立组建成立太原工学院（今太原理工大学）；医学院独立组建成立山西医学院（今山西医科大学）；法学院调整并入中国人民大学。

1959年恢复山西大学建制，山西师范学院回归并入后进行重新组建，山西大学校名恢复。

六、三江师范学堂

1902年时任两江总督的刘坤一，本着“兴学应从师范学堂入手”的教育强国理念，奏请清政府批准并着手筹备高等师范学堂的创建事宜，但不幸的是刘坤一任上病逝，办学愿望未能实现。张之洞署理两江总督后，继先人之志，加快了办学速度。1903年，“三江师范学堂”开始创办，经过近两年的校园校室建设和教师及其管理人员聘用工作，1904年正式开学，并分别于当年9月和10月进行了两次招生考试，9月份招生考试录取新生120人，10月份招生考试录取新生180人，共计300人。所录取的新生分编为三年制初级本科，二年制速成科和一年制速成科三个类别，学科设置为理化科、博物科、历史舆地科。开设课程有史地、文学、算学、物理、化学、博物、生理、农学、教育学等门类。

1906年三江师范学堂改名为两江优级师范学堂。

1911 年 10 月 10 日，武昌起义爆发，两江优级师范学堂因战事停办。

1914 年学堂复办并改名为南京高等师范学校。

1920 年在南京高等师范学校基础上，组建成立国立东南大学。

1927 年国立东南大学与河海工科大学、上海商科大学、江苏法政大学、江苏医科大学以及江苏省的四所公立专门学校，合并组建成立国立第四中山大学。

1928 年国立第四中山大学两次改名，第一次改名为江苏大学，第二次改名为国立中央大学。

1949 年国立中央大学改名为国立南京大学。

1950 年国立南京大学更名为南京大学。

七、清华学堂

1909 年清政府利用美国退还的部分“庚子赔款”，在北京设立了游美学务处，负责游美留学生的选派管理和筹建游美肄业馆。同年 8 月，清政府将曾为皇家府院的清华园拨给游美学务处，并以此作为游美肄业馆的建设场所。

1911 年 2 月，游美学务处正式迁入清华园，游美肄业馆也开始进行建设，并定名为清华学堂，同年 4 月 29 日，清华学堂正式开学。

1912 年清华学堂改名为清华学校。

1920 年清华的早期四大著名建筑图书馆、大礼堂、科学馆和体育馆建成并投入使用。

1928 年清华学校改名为国立清华大学。

1937 年抗日战争爆发，国立清华大学南迁长沙，与同时南迁长沙的国立北京大学和私立南开大学，联合组建长沙临时大学。

1938 年长沙临时大学因战事所迫，再次转移西迁昆明，同年改名为西南联合大学。

抗日战争胜利后的 1946 年，西南联合大学解散，国立清华大学回迁北京复校。

1949 年国立清华大学更名为清华大学。

晚清时期，新式学堂兴起，当时还有南洋公学、湖南高等学堂、山东大学堂、天津中西学堂、上海南洋西学学堂、湖南高等学堂、上海广方言学堂、河南高等学堂、马尾福建船政学堂以及专习军事的天津水师学堂、武汉武备学堂、江南水师学堂、北洋武备学堂等，都是非常著名的高等教育学堂。

晚清的大学堂办学情况可以科举制度废除为界，分为两个阶段，科举制度废除之前，人们的读书学习仍是以参加科举入仕为主要目标，大学堂的学生基本处于人在学堂，心在科举的状态。每逢科举期，各大学堂的学生均纷纷设法请假赴考，同时各大学堂应试科举的倾向也很严重，教育教学大都以服务科举为主，近现代教育仍处于非常尴尬之境况。科举制度废除之后，人们的读书目的发生本质转变，近现代的新式教育思想逐步被社会接受，各级各类学堂的办学情况急转直上，呈现日新月异之势，新式大学教育体系也渐趋形成，近现代的新式教育发展迅速，为国家培养了一大批饱具才学的名家大师。

晚清新式学堂兴起的同时，西方教会也开始在中国创办教会大学，至辛亥革命前，中国的西方教会大学就有上海圣约翰大学、苏州东吴大学、上海震旦大学、杭州之江大学、成都华西大学、武汉华中大学、南京金陵大学等七所，其中上海圣约翰大学是中国最早称谓“大学”的高等学校。

晚清时期的大学堂招生

晚清时期各类大学堂的招生形式相对比较简单，均实行单独招生办法，学生来源有各地方政府选送与自愿报名考试录取等渠道。科举制度废除以前，由于科举入仕还是人们读书的根本追求，各类大学堂的招生情况还不能尽如人意。科举制度废除以后，各类大学堂的教育教学也完全进入近现代新式教育模式，招生情况发生翻天覆地的变化，大学堂的报考人数逐年增加，至清末，有些大学堂的报考与录取人数比例，可达十之取一左右。

第二节　民国时期的高等学校及其招生

民国时期的高等学校

自 1912 年辛亥革命成功，中华民国建立，到 1937 年抗日战争全面爆发的二十五年间，尤其是抗战爆发前的十年，是中国大学建设规模迅速扩大和办学水平快速提升的黄金十年，十年期间，组建、改建或新建国立大学、省立大学、私立大学、教会大学和专科学校等不同类型和层次的高等学校近110所，在当时的社会条件下，中国近现代大学建设已颇具规模，大学教育也具相当水平。

当时的大学建立情况大致如下：

国立大学：北京大学、北洋大学、山西大学、东南大学、北平师范大学、武汉大学、中山大学、中央大学、同济大学、浙江大学、暨南大学、清华大学、山东大学、四川大学、东北大学、湖南大学、厦门大学、交通大学等。

省立大学：西北大学、云南大学、广西大学、贵州大学、河南大学、安徽大学等。

私立大学：南开大学、复旦大学、上海大同大学等。

外国教会大学：除清末创办的苏州东吴大学等七所教会大学以外，此期间又创办有福州华南女子文理学院、长沙湘雅医学院、南京金陵女子文理学院、上海沪江大学、广州岭南大学、北京燕京大学、山东齐鲁大学、福州协和大学、天津津沽大学、北京辅仁大学等。

专科学校也分为国立、省立和私立等形式，学校类型有师范、法政、农业、工业、商业、工程、矿业、纺织、医学、外语、国学等。

抗日战争爆发至1946年的十年期间，大多数的省立和私立大学陆续重组或改制为国立大学。比如：西北大学、云南大学、广西大学、中正大学、河南大学、贵州大学、重庆大学、安徽大学、兰州大学、政治大学、南开大学等均为其十年间重组或改制后，冠名“国立”的大学。

抗日战争全面爆发后，大片国土沦丧，位处日军侵占区的大学均受到严重破坏，致使多地的大学被迫进行敌后迁移。现简单列举几所中国大学大迁移的历史纪实。

同济大学，1937 年 9 月第一次迁移至浙江金华；同年 11 月第二次迁移至江西赣州、吉安；次年 7 月第三次迁移至广西贺县八步镇；同年冬，第四次迁移至云南昆明；1940 年第五次迁移至四川宜宾李庄镇；1946 年迁回上海。

厦门大学，1937 年 9 月第一次迁移至鼓浪屿；1938 年 1 月第二次迁移至福建长汀；1946 年迁回厦门。

中央大学，1937 年 10 月校本部迁移至重庆沙坪坝，医学院和农学院畜牧兽医系迁移至成都；1946 年迁回南京。

浙江大学，1937 年 12 月第一次迁移至浙江天目、建德；同年 12 月第二次迁移至江西吉安、泰和；1938 年 10 月第三次迁移至广西宜山；1940 年初第四次迁移至贵州遵义、湄潭、永兴；1946 年迁回杭州。

河南大学，1937 年 12 月撤离开封；次年 3 月农学院和医学院迁移至豫西镇平，校本部和文学院、理学院、法学院迁移至信阳鸡公山，同年 10 月也迁移至豫西镇平；1939 年 5 月全校再迁移至嵩县；1945 年 4 月又西迁至陕西宝鸡的石羊庙、卧龙寺、姬家殿；1946 年迁回开封。

交通大学唐山工程学院，1938 年 5 月第一次迁移至湖南湘乡杨家滩；1939 年第二次迁移至贵州平越古城（今福泉市）；1942 年组建国立交通大学贵州分校；1944 年 11 月第三次迁移至四川璧山丁家坳；1946 年迁回唐山。

中山大学，1938 年 10 月第一次迁移至云南澂江；1940 年第二次迁移至广东东昌坪石镇；1945 年 1 月学校一分为三，第三次分别迁移至广东东部的梅县、连县、仁化；同年8月迁回广州。

西南联合大学，当时最著名的大学迁移行动，应为国立北京大学、国立清华大学和私立南开大学的南迁又西迁行动，1937年华北沦陷后，位处北京的国立北京大学、国立清华大学和位处天津的私立南开大学于当年10月，相继迁移至湖南长沙，联合成立国立长沙临时大学，由于战事危急，国立长沙临时大学不得不再次向抗战大后方的云南昆明迁移。在两个多月的时间里，师生们穿越湘黔滇三省，行程1600多公里，历经辗转，千辛万苦，于1938年4月迁移至昆明，国民政府改国立长沙临时大学为国立西南联合大学，西南联合大学的师生们在长达八年的艰苦岁月里，书写了辉煌灿烂的西南联合大学办学史。

中国抗日战争时期的大学大迁移，在中国近现代教育史上被称为伟大的“文化长征”。中国大学史无前例的文化长征，是对我们民族精神的淬炼和家国情怀的诠释。自日军全面侵华，八年抗战，烽火连天，中国的大学备受战火摧残，教育教学活动受到极大影响，但中国的大学没有因此而颓废，面对枪弹与牺牲，历经抗争与迁徙，中国大学在颠沛流离的艰难环境中，励志坚持并顽强地发展着。根据1947年《第二次中国教育年鉴》的相关统计，抗战胜利后，中国已有专科以上层次的高等学校207所，其中国立或省立的128所，私立或教会创办的79所。大学55所，其中国立或省立的31所，私立或教会创办的24所；独立学院75所，其中公立的44所，私立的31所；专科学校 77 所，其中公立的 53 所，私立的 24 所。这些高等学校为国家培养了一大批栋梁之才，仅以西南联合大学为例，就培养毕业学生 2500 多人，其中包括杨振宁、李政道、邓稼先等海内外著名的专家学者。

民国时期的高等学校招生

民国时期的高等学校招生情况大致可以分为三个历史阶段。

一、单独考试自主招生阶段

自 1912 年民国成立，到 1937 年抗日战争爆发，当时中国的基础教育还未形成统一的教育教学模式，也无统一的教学教材和教学大纲，基础教育还处于不规范时期，此时的高等学校招生均实行单独考试、自主招生。不同的高等学校，所采取的考试招生办法各不相同，社会声望较高的高等学校，通常选择几个优质生源集中的大型城市，设置考点进行招生考试工作。社会声望平常的高等学校，由于财力所限，通常只在学校所在城市，设置考点进行招生考试工作。考生可以根据各高等学校的招生考试要求和考试时间安排，选择报考多所学校，以最大限度地提高自己的被录取概率。考生若被多所学校录取，则可依其意愿选择其中的一所学校就读。当时各高等学校招生的情况具有很大差异，比如当时社会声望很高的北京大学和清华大学，年招生人数，基本在报考本校人数的十分之一左右，相对于其他高等学校，报考难度是非常大的。此时的高等教育具有典型的精英教育特征，抗日战争前夕，全国高等学校每年的招生总人数约为一万人，报考考生有七八万人，无论是入学率还是录取率都处于极低水平。同时高等学校的学生也大多为中产阶级以上家庭出身，广大农民、工人家庭子女，基本不具备享受高等教育的条件。

对于招生考试科目与试题，各高等学校自立规矩、自定标准，考试科目自主确定、试题自主命制。比如民国刚刚成立的 1912 年，北京大学招生考试分设两个类型进行，第一类型为文、法、商科，类似于现今的文史科类，考试科目只有国文和英文；第二类型为理、工科，类似于现今的理工科类，考试科目除国文和英文外，还有数学。到 1929 年时，北京大学文史科类招生考试的科目也仅有国文、外文（英、德、法文选考一科）、中国历史、外国历史等。而武汉大学的文史科类招生，考试科目且有国文、数学、历史、地理、物理和化学等，外文反而是不考的。此时招生学校的考试科目设置是非常自主和各具特点的，试题拟命也很具特色，比如 1932 年，清华大学招生考试，久负盛名，集历史学家、古典文学研究家、语言学家和诗人于一身的陈寅恪教授，负责拟命国文科目试题，在其所命题目中竟有一题是对对联，题目所给的上联是“孙行者”，其意是考查考生对中国传统汉语真正特色的认识和理解，以弘扬中国的传统汉语文化，考生答案不拘一格，对之“王羲之”“祖冲之”“胡适之”等，合辙押韵、意境深刻、丰富多彩，真乃极妙之作，很是耐人寻味。当时高等学校的招生考试题目，已较充分地体现出近现代教育特点，比如国文命题已基本形成语法、句读分析等基础知识与作文的组合格式，英文以文法、翻译、作文格式为多，数学考查内容已涉及高等代数、解析几何、立体几何、三角函数、平面几何等内容。考试要求也很人性化，比如有的高等学校为方便港澳考生和东南亚华侨考生报考，通常放宽试卷作答的书写文字要求，除规定国文和中国历史等科目用中文作答，英文科目用英文作答外，其余科目对作答文字不做要求，中文或英文均可。

民国初期，由于以科举考试为教学目标的传统教育思想与方式还未能彻底改变，致使中国大学的文科学生比例较大，大多数学校的文科学生占比都在七成以上，此种情况与当时国家对大批科技、工业人才的需求极不相称。为尽快改变这种文重理轻的局面，民国政府曾在 1933 年实行“比例招生法”，硬性规定各校招生文科学生总数不得超过年度招生总数的一半，着力提高理科学生的招生数量。1935 年民国政府开始实行文理分科招生计划，进一步对理科学生的招生数量进行保障。

当时高等学校的单独考试自主招生，还具有一个非常显著的特点，就是破格录取。破格实际上是对制度格套的一种矫正与补充，尤其是大学招生制度，是为选拔优秀人才这一根本目的服务的，而优秀人才的选拔应是多元化和个性化的，模具式的选拔方式肯定不是最科学的。因此真正意义的“破格”，是选拔“偏才”“奇才”等天才学生的必须手段，是无可非议的。关于破格录取，当时还有一些颇值人们深思的故事。

曾先后担任国立清华大学和国立中央大学校长的中国

近代著名教育家罗家伦，1914 年进入复旦公学读书，文科成绩特优，但数学成绩一般，1917 年北京大学在上海设点招生，罗家伦报名参加考试，试后作文考得满分，但数学却考得 0 分，被北京大学破格录取到文科的外国文学专业，偏才偏育，终成大器。

现代著名作家、文学研究家钱钟书，1929 年报考清华大学，文科成绩特优，英文满分，但数学只考得 15 分，时任清华大学校长的罗家伦，破格录取钱钟书到外文系，成就了一位中国现代杰出的文学巨匠。

现代著名历史学家、教育家、社会活动家吴晗和杰出科学家、教育家、社会活动家钱伟长，同于 1931 年报考清华大学，试后吴晗文史和英文科目满分，数学科目 0 分；钱伟长国文、历史科目满分，英文科目 0 分。同样是慧眼识才的罗家伦，破格录取两人进入清华大学，又分别成就了两位中国乃至世界著名的学术大家。

除破格录取以外，当时通过专门考试，进行转学、转系的情况也较为普遍。例如：

现代戏剧泰斗、著名戏剧教育家曹禺，1929 年通过清华大学的转学考试，从南开大学转入清华大学。

现代著名经济学家于光远，1934 年通过清华大学的转学考试，从上海大同大学转入清华大学。

我国核科学事业的主要开拓者、两弹一星功勋科学家朱光亚，1942 年通过转学考试，由中央大学转入西南联合大学。

世界著名物理学家，诺贝尔物理学奖获得者李政道，

1944 年通过转学考试，由浙江大学转入西南联合大学。

1931 年钱伟长考入清华大学，先被录取到历史系，后通过转系考试，进入物理系。

现代诗人、文学史家林庚，1928 年考入清华大学，先被录取到物理系，后通过转系考试，进入中文系。

现代著名作家吴组缃，1929 年考入清华大学，先被录取到经济系，后通过转系考试，进入中文系。

现代文学史家、文学评论家、作家李长之，1931 年考入清华大学，先被录取到生物系，后通过转系考试，进入哲学系。

二、统一考试招生阶段

1938 年至 1940 年，国民政府教育部曾对全国的国立大学，实行过三年的统一考试招生办法，当时的统一考试，按地域和交通情况划分为十多个考区进行，还设立了"国立大学统一招生委员会"和"国立大学统一招生审核委员会"，分别负责审核招生章程、命题规则以及成绩复核、招生录取等事宜。

考试分为三类进行。

第一类：类似于现今的文史科类，包含的专业有国文、英语、历史、地理、教育、商学、法律、体育、艺术等。

考试科目分必考与选考两种，必考科目有公民、国文、数学、英语、中国史地、外国史地等六门；选考科目为物理、化学、生物，三科中选考一门，共考七门。

第二类，类似于现今的理工科类，包含的专业有工学、理学、天文、土木、气象等。

考试科目有公民、国文、数学、物理、化学、英语、中国史地等七门，全部为必考科目。

第三类，类似于现今的农医及其他科类，包含的专业有农学、医学、地理地质、生物等。

考试科目也分必考与选考两种，必考科目有公民、国文、数学、英语、中国史地等五门；选考科目为生物与外国史地选考一门和物理与化学选考一门，共考七门。

为使全国不同考区考生录取能够保持基本平衡，当时实行分区划定录取分数线的办法。

1940 年，考试科目调整为八门，其中公民、国文、英文、数学和生物五门为必考科目，三类考生均须考试。另外三门依照类别分别设置为：

第一类，加考中外历史、中外地理、物理及化学（合卷）。

第二类和第三类，加考物理、化学、中外历史及中外地理（合卷）。

此时的私立和教会大学仍实行单独考试自主招生办法。

三、多种方式招生阶段

民国的高等学校统一考试招生办法仅仅实行了三年时间，1941 年抗日战争进入相持阶段，全国高等学校招生已不具备统一组织的条件，继而实行的是“自主招生”“联合招生”“委托招生”“成绩审核录取”或“免试保送”等办法。

自主招生，即高等学校单独组织考试，自主进行新生录取的招生办法。

联合招生，即相关高等学校联合组织考试，分别进行新生录取的招生办法。

委托招生，即高等学校不亲自组织招生考试，采用委托其他高等学校代为考试和录取新生的招生办法。

成绩审核录取，即高等学校对考生参加其他高等学校招生考试的成绩予以承认，通过成绩审核进行新生录取的招生办法。

免试保送，即高等学校根据本校当年招生章程规定的条件，对中学保送的毕业学生，免予考试，直接进行新生录取的招生办法。

第三章　新中国的普通高等学校招生与考试

第一节　高等教育发展状况

1949年中华人民共和国成立后，我国的高等教育就进入蓬勃发展时期。仅从高等学校的建设数量、在学规模、入学率、办学质量以及教育水平等方面来看，我国高等教育的发展状况，可谓世界教育发展史上的奇迹。

首先，看我国几个相关年份的高等学校建设和在学规模情况。

1949年我国高等学校共有205所，在学规模11.7万人。1978年我国高等学校发展到598所，在学规模86万人。1993年我国高等学校发展到1075所，在学规模279万人。2015年我国高等学校发展到2845所，位居世界第二位；在学规模3700万人，位居世界第一位。2017年我国高等学校发展到2914所，在学规模3779万人。2914所高等学校中，普通高等学校2631所，成人高等学校283

所。2631所普通高等学校中，本科院校1251所，专科（含高等职业技术院校）院校1380所。

以上年份高等学校建设和在学规模的统计数字中，还不含军队院校、香港与澳门特区高等学校数和在学人数。

下面根据2017年的相关统计，将全国1251所普通本科院校的分布情况简列于下。

2017年中国普通本科院校分布情况统计表

院校所在地	院校总数	公办院校数	民办和独立院校数	中外（港澳）合办院校数
北京	67	60	7	
天津	30	19	11	
河北	61	37	24	
山西	33	23	10	
内蒙古	17	15	2	
辽宁	64	41	23	
吉林	37	25	12	
黑龙江	39	27	12	
上海	38	29	8	1
江苏	77	46	29	2
浙江	59	32	25	2
安徽	45	30	15	
福建	37	22	15	
江西	42	23	19	
山东	69	46	23	

院校所在地	院校总数	公办院校数	民办和独立院校数	中外（港澳）合办院校数
河南	55	38	17	
湖北	68	37	31	
湖南	51	31	20	
广东	65	39	22	4
广西	38	26	12	
海南	7	5	2	
重庆	25	17	8	
四川	51	35	16	
贵州	29	20	9	
云南	37	28	9	
西藏	4	4		
陕西	54	33	21	
甘肃	22	17	5	
青海	4	3	1	
宁夏	8	4	4	
新疆	18	13	5	
合计	1251	825	417	9

其次，看我国高等教育入学率的提高情况。

入学率是指某年龄段人口中在校学生数与该年龄段人口数的百分比率，它标志适龄人口中相对应的教育普及程度。如不考虑在校学生的年龄，取在校学生数与相应适龄人口数的百分比率，则为入学率。高等教育入学率是指当年高等教育在校学生数与全国适龄（18岁—22岁）人口数的百分比率，是对国家高等教育发展情况进行评价的一个主要指标参数。国际上通常认为，高等教育入学率在15%以下，属于高等教育的精英教育阶段；15%—50%之间，属于高等教育的大众化教育阶段；达到50%及以上，属于高等教育的普及化教育阶段。

下面遴选我国几个相关年份的高等教育入学率情况。

1978年——1.55%

1988年——3.7%

1998年——9.76%

2002年——15%（本年度我国高等教育进入大众化教育阶段）

2007年——23%

2010年——26.5%

2012年——30%

2015年——40%

2016年——42.7%

2017年——45.7%

根据国务院2017年1月10日公布的《国家教育事业发展“十三五”规划》，2020年我国高等教育入学率的发展规划目标为50%，届时我国的高等教育将进入普及化教育阶段。就目前我国高等教育的发展趋势来看，很可能提前实现这一宏伟发展目标。

再次，看我国高等学校的办学质量以及教育水平。

一个国家高等教育要快速科学发展，除需大力发展高等学校的建设数量和扩大在学规模以外，高等学校办学质量和教育水平的提高则更为重要。1977 年我国恢复普通高等学校招生制度以后，高等学校的办学质量和教育水平有三次大的快速提升时期。

第一次是 20 世纪 90 年代初，我国政府为了迎接世界新技术革命的挑战，决策大力发展高等教育和实行“科教兴国”战略，提出面向 21 世纪，建设 100 所左右的重点高等学校和一批重点学科的教育工程，此项教育工程被命名为“211 工程”。1995 年 11 月“211 工程”建设正式启动，这是新中国成立以来，由国家正式立项，在高等教育领域进行的规模最大、层次最高的普通高等学校重点建设工程。当时被确定为“211 工程”建设的普通高等学校共有 116 所。

“211 工程”建设高校

北京大学、清华大学、中国人民大学、北京师范大学、北京航空航天大学、北京理工大学、中国农业大学、中央民族大学、对外经济贸易大学、北京外国语大学、中央财经大学、北京中医药大学、中国传媒大学、中国政法大学、中国矿业大学（北京）、北京化工大学、中国石油大学（北京）、北京邮电大学、北京科技大学、中国地质大学（北京）、北京交通大学、北京林业大学、华北电力大学（北京）、北京体育大学、中央音乐学院、北京工业大学、天津大学、南开大学、天津医科大学、河北工业大学、华北电力大学（保定）、太原理工大学、内蒙古大学、哈尔滨工业大学、吉林大学、东北大学、大连理工大学、哈尔滨工程大学、大连海事大学、东北师范大学、东北林业大学、辽宁大学、延边大学、东北农业大学、复旦大学、同济大学、上海交通大学、华东师范大学、华东理工大学、上海财经大学、东华大学、上海外国语大学、上海大学、南京大学、东南大学、南京理工大学、南京航空航天大学、南京师范大学、中国药科大学、河海大学、南京农业大学、中国矿业大学（徐州）、苏州大学、江南大学、浙江大学、山东大学、中国海洋大学、中国石油大学（东营）、郑州大学、南昌大学、中国科学技术大学、合肥工业大学、安徽大学、福州大学、武汉大学、华中科技大学、中国地质大学（武汉）、华中师范大学、华中农业大学、中南财经政法大学、武汉理工大学、湖南大学、中南大学、湖南师范大学、厦门大学、中山大学、暨南大学、华南理工大学、华南师范大学、广西大学、海南大学、重庆大学、四川大学、电子科技大学、西南大学、西南交通大学、西南财经大学、四川农业大学、云南大学、贵州大学、西藏大学、西安交通大学、西北工业大学、西北农林科技大学、陕西师范大学、西安电子科技大学、长安大学、西北大学、兰州大学、新疆大学、石河子大学、宁夏大学、青海大学、国防科学技术大学、海军军医大学（第二军医大学）、空军军医大学（第四军医大学）。

第二次是1998年5月4日，时任中共中央总书记的江泽民在庆祝北京大学建校100周年大会上，代表中国共产党和中华人民共和国政府宣告："为了实现现代化，我国要有若干所具有世界先进水平的一流大学。"明确提出了我国高等学校建设和发展目标，同年12月，国家正式决定并开始实施"建设若干所世界一流大学和一批国际知名的高水平大学"的高等学校重点建设工程，此项重点建设工程被命名为"985工程"。1999年1月13日，国务院批转教育部《面向21世纪教育振兴行动计划》，"985工程"建设正式启动，工程建设的任务目标为机制创新、队伍建设、平台建设、条件支撑和国际交流与合作等五个方面。当时被确定为"985工程"建设的普通高等学校共有39所。

"985工程"建设高校

北京大学、清华大学、中国人民大学、北京师范大学、北京航空航天大学、北京理工大学、中国农业大学、中央民族大学、天津大学、南开大学、哈尔滨工业大学、吉林大学、东北大学、大连理工大学、复旦大学、同济大学、上海交通大学、华东师范大学、南京大学、东南大学、浙江大学、山东大学、中国海洋大学、中国科学技术大学、武汉大学、华中科技大学、湖南大学、中南大学、厦门大学、中山大学、华南理工大学、重庆大学、四川大学、电子科技大学、西安交通大学、西北工业大学、西北农林科技大学、兰州大学、国防科学技术大学。

第三次是2015年8月18日，习近平总书记主持召开中央全面深化改革领导小组会议，审议通过《统筹推进世界一流大学和一流学科建设总体方案》，对我国新时期高等教育重点建设做出新的部署，启动“世界一流大学和一流学科”建设项目，并决策将“211 工程”“985 工程”等重点建设项目，统一纳入“世界一流大学和一流学科”建设项目。这一建设项目是中国高等教育领域，继“211 工程”“985 工程”之后的又一国家战略，其根本目的是快速提升中国高等教育综合实力和国际竞争力，为实现“两个一百年”奋斗目标和中华民族伟大复兴的中国梦，提供坚强的人才和智力支持。项目建设的总体目标，是推动一批高水平大学和学科进入世界一流行列或前列，加快高等教育治理体系和治理能力现代化，提高高等学校人才培养、科学研究、社会服务和文化传承创新水平，使之成为知识发现和科技创新的重要力量、先进思想和优秀文化的重要源泉以及培养各类高素质优秀人才的重要基地，在支撑国家创新驱动发展战略、服务经济社会发展、弘扬中华优秀传统文化、培育和践行社会主义核心价值观、促进高等教育内涵发展等方面发挥重大作用。

“世界一流大学和一流学科”项目建设，简称“双一流”项目建设。具体建设任务可分解为三个阶段性目标。

第一阶段，到 2020 年，若干所大学和一批学科进入世界一流行列，若干学科进入世界一流学科前列；

第二阶段，到 2030 年，更多的大学和学科进入世界一流行列，若干所大学进入世界一流大学前列，一批学科进入世界一流学科前列，高等教育整体实力显著提升；

第三阶段，到21世纪中叶，一流大学和一流学科的数量和实力进入世界前列，基本建成高等教育强国。

2017年1月24日，教育部、财政部、国家发展和改革委员会印发《统筹推进世界一流大学和一流学科建设实施办法（暂行）》，并开始进行我国首批“双一流”建设大学和学科的遴选确定工作。2017年9月21日，教育部、财政部、国家发展和改革委员会发布《关于公布世界一流大学和一流学科建设高校及建设学科名单的通知》，正式确定并公布我国世界一流大学和一流学科建设高校及建设学科名单，首批“双一流”项目建设高校共计137所，其中世界一流大学建设高校42所（A类36所，B类6所）；世界一流学科建设高校95所；世界一流学科建设学科465个（其中高校自定学科44个）。

世界一流大学建设高校

A类

北京大学、清华大学、中国人民大学、北京师范大学、北京航空航天大学、北京理工大学、中国农业大学、中央民族大学、南开大学、天津大学、大连理工大学、吉林大学、哈尔滨工业大学、复旦大学、同济大学、上海交通大学、华东师范大学、南京大学、东南大学、浙江大学、中国科学技术大学、厦门大学、山东大学、中国海洋大学、武汉大学、华中科技大学、中南大学、中山大学、华南理工大学、四川大学、重庆大学、电子科技大学、西安交通大学、西北工业大学、兰州大学、国防科学技术大学。

B类

东北大学、湖南大学、西北农林科技大学、郑州大学、云南大学、新疆大学。

世界一流学科建设高校

北京交通大学、北京工业大学、北京科技大学、北京化工大学、北京邮电大学、北京林业大学、北京协和医学院、北京中医药大学、首都师范大学、北京外国语大学、中国传媒大学、中央财经大学、对外经济贸易大学、中国政法大学、中国科学院大学、外交学院、中国人民公安大学、北京体育大学、中央音乐学院、中国音乐学院、中央美术学院、中央戏剧学院、天津工业大学、天津医科大学、天津中医药大学、华北电力大学、河北工业大学、太原理工大学、内蒙古大学、辽宁大学、大连海事大学、延边大学、东北师范大学、哈尔滨工程大学、东北农业大学、东北林业大学、华东理工大学、东华大学、上海海洋大学、上海中医药大学、上海外国语大学、上海财经大学、上海体育学院、上海音乐学院、上海大学、南京航空航天大学、南京理工大学、南京邮电大学、河海大学、江南大学、南京林业大学、南京信息工程大学、南京农业大学、南京中医药大学、中国药科大学、南京师范大学、苏州大学、中国美术学院、宁波大学、中国矿业大学、安徽大学、合肥工业大学、福州大学、南昌大学、中国石油大学、河南大学、中国地质大学、武汉理工大学、华中农业大学、华中师范大学、中南财经政法大学、湖南师范大学、暨南大学、广州中医药大学、华南师范大学、海南大学、广西大学、西南交通大学、西南石油大学、成都理工大学、四川农业大学、成都中医药大学、西南大学、西南财经大学、贵州大学、西藏大学、西北大学、西安电子科技大学、长安大学、陕西师范大学、青海大学、宁夏大学、石河子大学、海军军医大学（第二军医大学）、空军军医大学（第四军医大学）。

世界一流学科建设高校中，中国地质大学的北京和武汉校区、中国矿业大学的北京和徐州校区、中国石油大学的北京和东营校区，均按一所高校统计。

世界一流学科建设学科

北京大学（41个）：哲学、理论经济学、应用经济学、法学、政治学、社会学、马克思主义理论、心理学、中国语言文学、外国语言文学、考古学、中国史、世界史、数学、物理学、化学、地理学、地球物理学、地质学、生物学、生态学、统计学、力学、材料科学与工程、电子科学与技术、控制科学与工程、计算机科学与技术、环境科学与工程、软件工程、基础医学、临床医学、口腔医学、公共卫生与预防医学、药学、护理学、艺术学理论、现代语言学、语言学、机械及航空航天和制造工程、商业与管理、社会政策与管理。

清华大学（34个）：法学、政治学、马克思主义理论、数学、物理学、化学、生物学、力学、机械工程、仪器科学与技术、材料科学与工程、动力工程及工程热物理、电气工程、信息与通信工程、控制科学与工程、计算机科学与技术、建筑学、土木工程、水利工程、化学工程与技术、核科学与技术、环境科学与工程、生物医学工程、城乡规划学、风景园林学、软件工程、管理科学与工程、工商管理、公共管理、设计学、会计与金融、经济学和计量经济学、统计学与运筹学、现代语言学。

中国人民大学（14 个）：哲学、理论经济学、应用经济学、法学、政治学、社会学、马克思主义理论、新闻传播学、中国史、统计学、工商管理、农林经济管理、公共管理、图书情报与档案管理。

北京师范大学（11 个）：教育学、心理学、中国语言文学、中国史、数学、地理学、系统科学、生态学、环境科学与工程、戏剧与影视学、语言学。

北京航空航天大学（7 个）：力学、仪器科学与技术、材料科学与工程、控制科学与工程、计算机科学与技术、航空宇航科学与技术、软件工程。

北京理工大学（3 个）：材料科学与工程、控制科学与工程、兵器科学与技术。

中国农业大学（9 个）：生物学、农业工程、食品科学与工程、作物学、农业资源与环境、植物保护、畜牧学、兽医学、草学。

中央民族大学（1 个）：民族学。

北京交通大学（1 个）：系统科学。

北京科技大学（4 个）：科学技术史、材料科学与工程、冶金工程、矿业工程。

北京化工大学（1个）：化学工程与技术（自定）。

北京邮电大学（2个）：信息与通信工程、计算机科学与技术。

北京林业大学（2个）：风景园林学、林学。

北京协和医学院（4个）：生物学、生物医学工程、临床医学、药学。

北京中医药大学（3个）：中医学、中西医结合、中药学。

北京外国语大学（1个）：外国语言文学。

中国传媒大学（2个）：新闻传播学、戏剧与影视学。

中央财经大学（1个）：应用经济学。

对外经济贸易大学（1个）：应用经济学（自定）。

北京体育大学（1个）：体育学。

中国政法大学（1个）：法学。

中国地质大学（北京）（2个）：地质学、地质资源与地质工程。

中国矿业大学（北京）（2个）：安全科学与工程、矿业工程。

中国石油大学（北京）（2个）：石油与天然气工程、地质资源与地质工程。

中国科学院大学（2个）：化学、材料科学与工程。

中央音乐学院（1个）：音乐与舞蹈学。

中国音乐学院（1个）：音乐与舞蹈学（自定）。

中央美术学院（2个）：美术学、设计学。

中央戏剧学院（1个）：戏剧与影视学。

外交学院（1个）：政治学（自定）。

中国人民公安大学（1个）：公安学（自定）。

北京工业大学（1个）：土木工程（自定）。

首都师范大学（1个）：数学。

南开大学（5个）：世界史、数学、化学、统计学、材料科学与工程。

天津大学（4个）：化学、材料科学与工程、化学工程与技术、管理科学与工程。

天津工业大学（1个）：纺织科学与工程。

天津医科大学（1个）：临床医学（自定）。

天津中医药大学（1个）：中药学。

华北电力大学（1个）：能源电力科学与工程（电气工程和动力工程及工程热物理）。

河北工业大学（1个）：电气工程（自定）。

太原理工大学（1个）：化学工程与技术（自定）。

内蒙古大学（1个）：生物学（自定）。

大连理工大学（2个）：化学、工程。

吉林大学（5个）：考古学、数学、物理学、化学、材料科学与工程。

哈尔滨工业大学（7个）：力学、机械工程、材料科学与工程、控制科学与工程、计算机科学与技术、土木工程、环境科学与工程。

辽宁大学（1个）：应用经济学（自定）。

东北大学（1个）：控制科学与工程。

大连海事大学（1个）：交通运输工程（自定）。

延边大学（1个）：外国语言文学（自定）。

东北师范大学（6个）：马克思主义理论、世界史、数学、化学、统计学、材料科学与工程。

哈尔滨工程大学（1个）：船舶与海洋工程。

东北林业大学（2个）：林业工程、林学。

东北农业大学（1个）：畜牧学（自定）。

复旦大学（17个）：哲学、政治学、中国语言文学、中国史、数学、物理学、化学、生物学、生态学、材料科学与工程、环境科学与工程、基础医学、临床医学、中西医结合、药学、机械及航空航天和制造工程、现代语言学。

同济大学（7个）：建筑学、土木工程、测绘科学与技术、环境科学与工程、城乡规划学、风景园林学、艺术与设计。

上海交通大学（17个）：数学、化学、生物学、机械工程、材料科学与工程、信息与通信工程、控制科学与工程、计算机科学与技术、土木工程、化学工程与技术、船舶与海洋工程、基础医学、临床医学、口腔医学、药学、电子电气工程、商业与管理。

华东师范大学（3个）：教育学、生态学、统计学。

华东理工大学（3个）：化学、材料科学与工程、化学工程与技术。

东华大学（1个）：纺织科学与工程。

上海海洋大学（1个）：水产。

上海中医药大学（2个）：中医学、中药学。

上海外国语大学（1个）：外国语言文学。

上海财经大学（1个）：统计学。

上海体育学院（1个）：体育学。

上海音乐学院（1个）：音乐与舞蹈学。

上海大学（1个）：机械工程（自定）。

南京大学（15个）：哲学、中国语言文学、外国语言文学、物理学、化学、天文学、大气科学、地质学、生物学、材料科学与工程、计算机科学与技术、化学工程与技术、矿业工程、环境科学与工程、图书情报与档案管理。

东南大学（11个）：材料科学与工程、电子科学与技术、信息与通信工程、控制科学与工程、计算机科学与技术、建筑学、土木工程、交通运输工程、生物医学工程、风景园林学、艺术学理论。

南京航空航天大学（1个）：力学。

南京理工大学（1个）：兵器科学与技术。

南京邮电大学（1个）：电子科学与技术。

河海大学（2个）：水利工程、环境科学与工程。

江南大学（2个）：轻工技术与工程、食品科学与工程。

南京林业大学（1个）：林业工程。

南京信息工程大学（1个）：大气科学。

南京农业大学（2个）：作物学、农业资源与环境。

南京中医药大学（1个）：中药学。

中国药科大学（1个）：中药学。

南京师范大学（1个）：地理学。

苏州大学（1个）：材料科学与工程（自定）。

中国美术学院（1个）：美术学。

中国矿业大学（2个）：安全科学与工程、矿业工程。

浙江大学（18个）：化学、生物学、生态学、机械工程、光学工程、材料科学与工程、电气工程、控制科学与工程、计算机科学与技术、农业工程、环境科学与工程、软件工程、园艺学、植物保护、基础医学、药学、管理科学与工程、农林经济管理。

宁波大学（1个）：力学。

中国科学技术大学（11个）：数学、物理学、化学、天文学、地球物理学、生物学、科学技术史、材料科学与工程、计算机科学与技术、核科学与技术、安全科学与工程。

安徽大学（1个）：材料科学与工程（自定）。

合肥工业大学（1个）：管理科学与工程（自定）。

厦门大学（5个）：化学、海洋科学、生物学、生态学、统计学。

福州大学（1个）：化学（自定）。

南昌大学（1个）：材料科学与工程。

山东大学（2个）：数学、化学。

中国海洋大学（2个）：海洋科学、水产。

中国石油大学（华东）（2个）：石油与天然气工程、地质资源与地质工程。

郑州大学（3个）：临床医学（自定）、材料科学与工程（自定）、化学（自定）。

河南大学（1个）：生物学。

武汉大学（10 个）：理论经济学、法学、马克思主义理论、化学、地球物理学、生物学、测绘科学与技术、矿业工程、口腔医学、图书情报与档案管理。

华中科技大学（8 个）：机械工程、光学工程、材料科学与工程、动力工程及工程热物理、电气工程、计算机科学与技术、基础医学、公共卫生与预防医学。

中国地质大学（武汉）（2 个）：地质学、地质资源与地质工程。

武汉理工大学（1 个）：材料科学与工程。

华中农业大学（5 个）：生物学、园艺学、畜牧学、兽医学、农林经济管理。

华中师范大学（2 个）：政治学、中国语言文学。

中南财经政法大学（1 个）：法学（自定）。

湖南大学（2 个）：化学、机械工程。

中南大学（4 个）：数学、材料科学与工程、冶金工程、矿业工程。

湖南师范大学（1 个）：外国语言文学（自定）。

中山大学（11 个）：哲学、数学、化学、生物学、生态学、材料科学与工程、电子科学与技术、基础医学、临床医学、药学、工商管理。

暨南大学（1 个）：药学（自定）。

华南理工大学（4 个）：化学、材料科学与工程、轻工技术与工程、农学。

广州中医药大学（1 个）：中医学。

华南师范大学（1 个）：物理学。

海南大学（1个）：作物学（自定）。

广西大学（1个）：土木工程（自定）。

四川大学（6个）：数学、化学、材料科学与工程、基础医学、口腔医学、护理学。

重庆大学（3个）：机械工程（自定）、电气工程（自定）、土木工程（自定）。

电子科技大学（2个）：电子科学与技术、信息与通信工程。

西南交通大学（1个）：交通运输工程。

西南石油大学（1个）：石油与天然气工程。

成都理工大学（1个）：地质学。

四川农业大学（1个）：作物学（自定）。

成都中医药大学（1个）：中药学。

西南大学（1个）：生物学。

西南财经大学（1个）：应用经济学（自定）。

贵州大学（1个）：植物保护（自定）。

云南大学（2个）：民族学、生态学。

西藏大学（1个）：生态学（自定）。

西安交通大学（8个）：力学、机械工程、材料科学与工程、动力工程及工程热物理、电气工程、信息与通信工程、管理科学与工程、工商管理。

西北工业大学（2个）：机械工程、材料科学与工程。

西北农林科技大学（1个）：农学。

西安电子科技大学（2个）：信息与通信工程、计算机科学与技术。

长安大学（1个）：交通运输工程（自定）。

陕西师范大学（1个）：中国语言文学（自定）。

西北大学（1个）：地质学。

兰州大学（4个）：化学、大气科学、生态学、草学。

青海大学（1个）：生态学（自定）。

宁夏大学（1个）：化学工程与技术（自定）。

新疆大学（3个）：马克思主义理论（自定）、化学（自定）、计算机科学与技术（自定）。

石河子大学（1个）：化学工程与技术（自定）。

国防科学技术大学（5个）：信息与通信工程、计算机科学与技术、航空宇航科学与技术、软件工程、管理科学与工程。

海军军医大学（第二军医大学）（1个）：基础医学。

空军军医大学（第四军医大学）（1个）：临床医学（自定）。

综合我国目前的高等教育发展情况，2015年大学数量位居世界第二，在学规模位居世界第一；2020年前高等教育入学率将达到50%，世界一流大学和一流学科建设快速推进。这些都充分说明，我国的高等教育已取得空前的发展成果，高等教育事业正在以世界瞩目的惊人速度向世界前列迈进。

第二节　建国十七年的招生与考试制度

1949年新中国成立，至1966年“文化大革命”开始的十七年间，普通高等学校招生考试制度的建立，经历了过渡期、确立期和稳定期三个阶段。

过渡期（1949年至1951年）

为方便叙述新中国的普通高等学校招生与考试情况，需先对我国当时的大行政区情况予以简单介绍。中华人民共和国成立初期已有东北、华东、中南、西南、西北五个大行政区人民政府委员会或军政委员会等地方政权机关。1951年12月又增设政务院华北行政委员会。1952年11月，中央撤销大行政区人民政府委员会和军政委员会，并将全国正式划为华北、东北、华东、中南、西南、西北六个大行政区，各大行政区统一设立中央人民政府行政委员会，作为中央人民政府的派出机关，代表中央人民政府对本大行政区的省级地方政府工作进行领导与监督。当时我国的六大行政区的区划情况为：

华北行政区：北京市、天津市、河北省、山西省、绥远省、内蒙古自治区。共有2个直辖市、3个省和1个自治区。

东北行政区：沈阳市、旅大市、鞍山市、抚顺市、本溪市、辽东省、辽西省、吉林省、松江省、黑龙江省、热河省。共有5个直辖市和6个省。

华东行政区：上海市、山东省、江苏省、浙江省、安徽省、福建省、台湾省（还未解放）。共有1个直辖市和6个省。

中南行政区：武汉市、广州市、河南省、湖北省、湖南省、江西省、广东省、广西省。共有2个直辖市和6个省。

西南行政区：重庆市、四川省、贵州省、云南省、西康省、西藏地方（省级行政区）、昌都地区（省级行政区）。共有1个直辖市、4个省和2个省级行政区。

西北行政区：西安市、陕西省、甘肃省、宁夏省、青海省、新疆省。共有1个直辖市和5个省。

1954年中央决定撤销大行政区的行政区划，8月至11月间，六大行政区的中央人民政府行政委员会先后予以撤销。

1949年新中国成立时，国家百废待兴，各类人才十分缺乏。为迅速恢复普通高等学校招生，以尽快解决国家社会主义建设的人才急需问题，中央人民政府面向全国普通高等学校，果断提出“维持现状，立即开学”的工作方针，普通高等学校招生工作即行恢复。当年除北京大学、清华大学等少数几所普通高等学校，实行非实质性的联合招生外，全国大多数的普通高等学校，均实行“科目自行设置、试题自主命制、考试独立组织”的单独招生考试办法。

1950年教育部明确要求全国的各大行政区，要根据本行政区的实际情况，分别在适当地点，定期实行全部或局部普通高等学校联合或统一招生考试。当年各普通高等学校的招生考试方式还不规范，既有校际的联合招生考试，又有大行政区的统一招生考试，还有以学校为单位的单独招生考试，仍呈多样化状态。考试科目主要为国文、外国语、政治常识、数学、中外历史、中外地理、物理、化学等。

1951年为对普通高等学校的招生考试方式进行规范，

教育部提出三条招生考试工作要求：

第一，各大行政区分别在适当地点，争取实行全部或局部普通高等学校统一或联合招生考试。

第二，对确有困难暂时不能实行统一或联合招生考试的普通高等学校，当年度仍允许其单独招生考试。

第三，对于普通高等学校跨大行政区的招生考试，要尽量采取委托办法进行。

当年基本实现了各大行政区统一进行普通高等学校招生考试的工作目标。普通高等学校跨大行政区的招生考试，也基本采取了委托办法，并顺利纳入各大行政区的统一考试系列。考试科目与上年度相仿，具体的科目设置由各大行政区进行确定。我国的普通高等学校招生考试工作，平稳进入有序运行状态，考试的组织与管理办法，以及社会环境已具备全国统一考试的举办条件。

确立期（1952 年至 1954 年）

1952 年新中国首次实行普通高等学校招生全国统一考试制度，以及考试组织、试卷评阅、招生录取等工作由各省份负责的招生与考试工作体制。当年教育部要求，自本年度起，除个别学校经教育部批准之外，普通高等学校招生，一律参加全国统一招生考试。并对考试时间、考试科目、考生报考条件、政治审查办法以及相关录取规矩等事项，进行了明确规定。当年的考试科目有政治常识、语文、中外史地、外语（俄语、英语）、数学、物理、化学、生物等。

1953年全面停止普通高等学校单独招生考试办法，确立并全面实行普通高等学校招生全国统一考试制度。当年的考试时间、考试科目、报考条件、政治审查办法以及招生录取规矩等，与1952年的情况基本相同。

1954年教育部和高等教育部进一步完善普通高等学校招生全国统一考试制度，首次颁布普通高等学校招生考试分科类进行的规定，考试科类按招生专业区分为两类，第一类为理工、农林、卫生等专业；第二类为文史、政法、财经、体育、艺术等专业。第一类的考试科目为语文、政治常识、数学、物理、化学；第二类的考试科目为语文、政治常识、历史、地理。另外，报考体育、艺术专业的考生加试专业科目，报考财经专业的考生加试数学科目。自此开始，我国普通高等学校招生的分科类统一考试制度正式形成。

稳定期（1955年至1965年）

1955年普通高等学校招生考试科类调整为理工、农医和文史三个大类。理工类包含理科、工科；农医类包含农科、林科、医科、生物、心理、体育；文史类包含文科、历史、政治、政法、财经、艺术。

理工类的考试科目为语文、政治常识、数学、物理、化学。

农医类的考试科目为语文、政治常识、达尔文主义基础、物理、化学。

文史类的考试科目为语文、政治常识、历史、地理。

1956年至1957年的考试科类和科目保持稳定，没有变化。

1958年的三个考试科类均加试外语（俄语、英语），但外语科目的考试成绩不计入录取总分，仅作为录取的参考。

1959年至1961年的考试科类和科目保持稳定，没有变化。

1962年外语科目成绩开始计入录取总分。

1963年农医类加试数学，但数学科目的考试成绩不计入录取总分，仅作为录取的参考。

1964年考试科类调整为理工农医和文史两个大类。

理工农医类的考试科目为语文、政治常识、数学、物理、化学、外语。

文史类的考试科目为语文、政治常识、历史、外语。

其中报考文史类的哲学、财经等专业的考生，加试数学，但数学科目的考试成绩不计入录取总分，仅作为录取的参考。

1965年的考试科类和科目保持稳定，没有变化。

中华人民共和国成立后的十七年间，各年度普通高等学校招生考试的科目满分均为100分，并以60分作为科目成绩的及格标准。

中华人民共和国成立后十七年的普通高等学校招生制度，经过不断的发展与完善，基本形成适合我国当时国情的人才培养选拔制度，但由于我们国家毕竟还处于社会主义制度建立和发展的初期，受到时代因素的影响和制约，普通高等学校招生形式还相对单一，主要以普通类型招生为主，特殊类型招生只有保送生、民族班等个别形式。同时在招生录取时，对考生的政治审查也过于强调家庭出身和社会关系，对于出身地主、富农家庭，或家长被划为“右派”，以及有台湾或海外亲属关系的考生，可能会出现专业受限、降格录取，甚至不予录取等结果。

第三节　统一考试制度的中止

1966 年 5 月 16 日，由康生、陈伯达主持起草的《中国共产党中央委员会通知》（五一六通知）发布，标志着“文化大革命”的正式开始。“文化大革命”进行的十年期间，给党和国家造成极大危害。尤其在科学与教育领域，所造成的危害程度不可估量。

1966 年至 1971 年的六年期间，普通高等学校以及其他类型高等学校全部停止招生工作，作为招生录取基础保障的招生考试制度，也被迫中止实行。

1972 年至 1976 年的五年期间，普通高等学校开始举办试办班，招收工农兵学员，招生工作实行“自愿报名，群众推荐，领导批准，学校复查”的十六字方针，以“能够坚持政治挂帅”“阶级斗争和路线斗争觉悟高”以及“具有两年以上实践经验的优秀工农兵”为主要条件。当年的辽宁朝阳农学院，其招生条件就是：有阶级斗争、路线斗争觉悟，努力学习毛主席著作，生产劳动好的工人、贫下中农、复转军人、农村干部以及经过两年以上实践锻炼的知识青年。同时实行“社来社去”的毕业分配办法。此办法后来发展为“三来三去”，亦即普通高等学校招收的工农兵学员，毕业后分别依照生源类型，对应分配回工厂、农村或军队，并在全国的普通高等学校全面推广。在此五年期间，普通高等学校招生也曾进行过考试，考试题目大都与工农业生产和政治形势有关，多为农种、农管、农田基本建设、修河筑坝、农业机械使用与修理以及“农业学大寨”“工业学大庆”“无产阶级专政下继续革命”等内容，政治形式很强，知识与科学水平很低，且基本实行开卷考试办法。当时由于对考试存在极大“争议”，加之人为制造的“反潮流”“高考白卷”等事件影响，考试成绩对招生录取不能起到主要作用，考试流于形式，还被扣上“修正主义复辟”“资产阶级教育路线回潮”等罪名，遭到无端指责和批判，真正意义上的普通高等学校招生考试制度并未能得到恢复。

第四节　统一考试制度的恢复

1976 年 10 月 6 日，“四人帮”反革命集团被粉碎，历时十年之久的“文化大革命”结束。

1977 年 7 月 16 日至 21 日，中国共产党第十届中央委员会第三次全体会议在北京召开，全会通过了《关于恢复邓小平同志职务的决议》，决定恢复邓小平中共中央副主席、国务院副总理、中央军委副主席等职务，国务方面分工主管科技与教育工作。当年的8月至9月间，邓小平多次召开座谈会，特别强调不抓科学和教育，我国实现工业、农业、国防和科学技术的四个现代化就没有希望，着力领导和推动科技和教育战线的拨乱反正。

对于普通高等学校招生考试制度的恢复，1977年教育部就曾组织召开了两次“马拉松”式的全国普通高等学校招生工作会议，这在我国普通高等学校招生工作史上仅此一例。

1977年第一次全国普通高等学校招生工作会议，是6月29日至7月15日，在山西太原晋祠宾馆召开，会期将近20天。当时由于“左”倾思想的严重影响和干扰，会议所形成的《一九七七年高等学校招生工作的意见》中，“十六字”招生方针、“具有两年以上实践经验的优秀工农兵”的招生条件，以及“三来三去”的毕业生分配办法，仍被予以肯定，未能跳出“四人帮”划定的条条框框，没能实现拨乱反正的实质性突破，一切都预示着当年的普通高等学校招生，将仍以惯性方式进行。虽然会议也对直接招收应届高中毕业生和实行文化考查开了口子，但招收应届高中毕业生的比例也只定为1%。对于文化考查则更是“高音定调，乱谱弹琴”，规定文化考查必须紧密联系三大革命运动（阶级斗争、生产斗争和科学实验）实际，采取口试、笔试等多种形式进行，提倡开卷考试，要与实践经验、中学情况相结合等，这样要求的文化考查，当时在操作上根本行不通，也不具文化考查的实质意义。与会的多数同志心情沉重，存在严重的不满情绪，会议未能取得有效成果。

同年的8月4日至8月8日，邓小平在北京人民大会堂主持召开科学和教育工作座谈会，会议邀请了周培源、童第周、苏步青、吴文俊、王大珩等40余位科学和教育界的著名专家学者参加。座谈会上来自武汉大学的电化学专家查全性（1980年当选中国科学院院士）发言，一针见血地指出了“文化大革命”期间，普通高等学校招生的严重问题。他说：招生是保证大学教育质量的第一关，它的作用就像工厂原材料的检验一样，不合格的原材料，就不可能生产出合格的产品。当前大学新生质量没有保证，部分原因是中小学的教育质量不高，而主要原因还是大学招生制度问题。如果我们改进招生制度，每年从600多万高中毕业生和大量的知识青年、青年工人、青年农民中招收20万合格的大学生是完全可能的，现行招生制度的弊端首先是埋没人才。并提出建议：大学招生名额不要下放到基层，改成由省（自治区、直辖市）统一掌握，按照高中文化程度统一考试，并要严防泄露试题。考试要从实际出发，重点考语文和数学，其次是物理，化学和外文可以暂时要求低一点。从语文和数学的成绩，可以看出学生的文化程度和抽象思维能力。另外，要真正做到让广大知识青年有机会报考和自愿选择专业。应届高中毕业生、社会青年，以及没有上过高中但实际达到高中文化水平的人都可以报考。查全性的发言得到与会专家学者的强烈响应，大家一致建议国家要下大决心，对现行的普通高等学校招生与考试制度进行变革。邓小平当即表态：“今年就要下决心恢复从高中毕业生中直接招考学生，不要再搞群众推荐。从高中直接招生，我看可能是早出人才、早出成果的一个好办法。”邓小平的讲话就如同“暮冬里的一声惊雷”，为普通高等学校招生与考试制度的恢复吹响了冲锋号。但是当年的全国普通高等学校招生工作会议已经结束，所形成的《一九七七年高等学校招生工作的意见》已经呈报国务院，针对此种情况，邓小平果断决定：把已呈报的文件追回来，根据大家的意见重写。招生涉及上山下乡的几百万青年，要拿出一个办法来，既可以把优秀人才选拔上来，又不要引起波动。今年下决心按要求招生，招的学生要符合要求。在这样的政治背景下，教育部重新组织召开了当年第二次全国普通高等学校招生工作会议。

1977 年的第二次全国普通高等学校招生工作会议，是 8 月 13 日至 9 月 25 日在北京召开的，会议地点先在北京饭店，后到前门饭店，再到友谊宾馆，从盛夏开到凉秋，会议时间长达 40 多天。当时关于“真理标准问题大讨论”还没有进行，党的十一届三中全会还没有召开，《关于建国以来党的若干历史问题的决议》还没有形成，人们头上的“左”倾枷锁还没能得到解除，惧怕再犯“政治路线错误”的心态还很严重，甚至一些深知现行招生政策问题重重，急需拨乱反正的同志，也不敢直面相对。对于招生政策改与不改的两种不同意见，与会人员仍然在激烈的争论不休，有时还吵得“天翻地覆”。会议争论的焦点问题主要有四个：

第一，是否可以像“文化大革命”前一样招收应届高中毕业生？

第二，是否可以恢复高考制度？

第三，如何进行政治审查，是坚持“文化大革命”时期的主要看家庭出身，还是看本人的政治表现？

第四，招生中如何处理阶级路线与择优录取的关系？

会议开到9月初还没有争论出一个结果，针对会议召开的混乱情况，邓小平再次对教育部主要负责同志谈了教育战线的拨乱反正问题，并明确指示：“为什么要直接招生呢？道理很简单，就是不能中断学习的连续性。18岁到20岁正是学习的最好时期。”并严厉批评教育部不要成为阻力。对于“直接招生”的意思，是指允许应届高中毕业生报名参加考试，从应届高中毕业生中直接招生，不要再设置具有两年实践经验的政策限制。邓小平的指示精神，使参加会议的同志受到极大鼓舞，此后会议形势急转趋好，最终决定恢复“文化大革命”前行之有效的普通高等学校招生与考试制度。对于第二稿的《一九七七年高等学校招生工作的意见》，最具转折意义的是实现了招生方针的本质破立，“自愿报名，群众推荐，领导批准，学校复查”的十六字招生方针被废止，代之以“自愿报名、统一考试、地市初选、学校录取”的新的招生方针，同时在报考条件、考试与录取办法等重要问题上，也取得了实质性的重大政策突破。

关于报名条件，“能够坚持政治挂帅”“阶级斗争和路线斗争觉悟高”和“具有两年以上实践经验的优秀工农兵”的规定被取消。制定出“上山下乡的知识青年、社会青年、高中应届毕业生，以及高中一、二年级学习特别优秀的在校生均可自愿报名”的新的报名条件。

关于考试，明确了普通高等学校招生考试制度的恢复，决定实行统一考试办法。

关于招生录取，确定了“政治审查合格，按考试成绩择优录取”的招生录取政策。

关于政治审查，当时仍为非常敏感的问题，虽然在政策规定上也有所改变，但并没有彻底打破“左”倾思想的严重禁锢与束缚，仍然保留了很多限制性规定。

9 月 30 日，第二稿的《一九七七年高等学校招生工作的意见》呈报国务院后，邓小平亲自对政治审查的政策部分进行了重要修改，并批示指出：“政审，主要看本人的政治表现。政治历史清楚、热爱社会主义、热爱劳动、遵守纪律、决心为革命学习，有这几条，就可以了。总之，招生主要抓两条：第一是本人表现好，第二是择优录取。”

至此普通高等学校招生考试制度恢复的最后清障工作，终于完成，焕然一新的《一九七七年高等学校招生工作的意见》正式定稿，10 月 12 日国务院发布文件，10 月 21 日新华社发布通稿，普通高等学校招生与考试制度正式恢复。

1977 年的普通高等学校招生考试，定于 12 月 10 日至 12 月 12 日举行，但因为当时没有全国统一的考试大纲，没有全国统一的中学教材，也没有考试的组织经验，举行全国统一考试的条件尚不具备，因此当年的普通高等学校招生考试，实行的是分省（自治区、直辖市）统一举行的办法，命题和考试均由各省（自治区、直辖市）自行组织进行，命题遵照初中毕业水平要求。自10月21日新华社发布通稿，到12月中旬完成考试工作，不足两个月的时间，各省份的考试准备和组织工作时间非常紧张。为确保考试工作的顺利完成，教育部部署各省份的考试工作分三步进行：第一步，先选取一个县进行考试试点，总结经验，完善措施；第二步，分地市按照招生计划数3倍的比例，组织一次预选考试，以减轻统一考试的组织工作压力；第三步，再行组织全省的统一考试。由于多种困难因素影响，当年各省的统一考试并不是全部在12月10日至12月12日举行的，早的在11月下旬，晚的在12月中旬。考试分文史和理工（含农医）两个科类，考试科目共四门，政治、语文、数学为公共科目，文史和理工类考生均须考试，另外，文史类考生加试史地（历史与地理合卷），理工（含农医）类考生加试理化（物理与化学合卷）。

当年广西壮族自治区的考试试点县是百色，按照初中毕业水平命制的试题，考后统计，文史类考生的不及格率是98.64%，理工类考生是98.54%。全国平均下来，估计也就是这样的水平，成绩好的考生主要是“六六届”和“六七届”的高中毕业生。

由于普通高等学校招生考试被中止了十一年，十一年的学生集中汇聚，当年全国报名考试人数达到570余万，规模宏大，其中年龄最大的三十六七岁，最小的只有十三四岁，年龄差距超过20岁，父母与子女同考、夫妻同考的情况屡见不鲜。当年共录取新生27万余人，录取率4.73%。新生次年春季入学，中国普通高等教育这艘承载着国家和民族复兴梦想的航轮，终于乘风破浪的扬帆起航了。

1978 年全面恢复普通高等学校招生全国统一考试制度，以及全国统一命题，省（自治区、直辖市）组织考试、评卷和录取新生的招生工作体制。考试仍分文史和理工（含农医）两个科类，考试科目增加了外语，同时史地、理化不再合卷，实行了分科目考试。全国报考人数共有 610 余万，共录取新生 40.2 万，录取率 6.6%。新生秋季入学。

1978 年我国普通高等学校分春秋两季，迎接两届同类型、同层次的新生报到入学，这在我国高等教育史上是前所未有的。

第五节 考试制度改革

为适应和服务国家快速发展的需要，我国普通高等学校招生考试制度，也在不断进行着调整与改革，为我国人才培养事业的可持续发展，提供了坚强的制度保障。

考试时间调整

1977 年，我国普通高等学校招生实行的是省级统一考试，考试时间由各省份根据本地的实际准备情况进行确定，时间区间在 11 月下旬至 12 月中旬。

自 1978 年开始实行全国统一考试制度以后，考试时间共有四次调整。

1978 年全国统一考试时间为：7 月 20 日至 23 日。

1979 年调整为：7 月 7 日至 9 日。本次调整后的全国统一考试时间，连续实行到 1982 年。

1983 年调整为：7 月 15 日至 17 日。

1984 年调整为：7 月 7 日至 9 日。期间实行“3+文科综合/理科综合”科目设置模式的省份为 7 月 7 日至 8 日。本次调整后的全国统一考试时间，连续实行到 2002 年。

2003 年调整为：6 月 7 日至 9 日。实行“3+文科综合/理科综合”科目设置模式的省份为 6 月 7 日至 8 日。本次调整后的全国统一考试时间，连续实行到现在。

考试科目与分值设置模式改革

1977 年普通高等学校招生考试制度恢复后，作为制度核心内涵的考试科目与分值设置模式，即肩负起上承服务高等教育，选拔具有培养潜质的优秀学生，下启引导基础教育，推进学生素质全面发展的双重使命。对于既具备使命要求，又符合我国国情的考试科目与分值设置模式的探索与改革，一直处于“现在进行时”的状态。四十年来我国共经过六次考试科目与分值设置模式改革。

一、“文 4 理 4”模式

（一）实行年份

1977 年。

（二）考试科目

文史类：政治、语文、数学、史地（历史与地理合卷）。

理工类：政治、语文、数学、理化（物理与化学合卷）。

（三）科目分值

各科目满分均为100分，其中史地（理化）合卷中，历史（物理）的分值为60分，地理（化学）的分值为40分，总分400分。

（四）录取有效使用成绩

文史与理工类考生的总分满分均为400分。

二、“文6理6”模式

（一）实行年份

1978—1980年。

（二）考试科目

文史类：政治、语文、数学、历史、地理、外语。

理工类：政治、语文、数学、物理、化学、外语。

外语语种为：英语、俄语、法语、德语、日语、西班牙语和阿拉伯语。自1980年开始，外语语种取消了阿拉伯语。

（三）科目分值

各科目满分均为100分，总分600分。

（四）录取有效使用成绩

1978年

1. 数学试题卷面总分120分，其中第五、六题（各20分）为“二选一”的选做题，第七题（20分）文史类考生不要求做。

2. 报考外语专业的考生，加试外语口试，外语笔试成绩计入总分。数学成绩不计入总分，仅作为录取的参考。

自本年度开始，以后年份报考外语专业的考生均须加试外语口试，口试成绩以合格或不合格形式呈现。考生报考外语专业，其外语口试成绩必须合格。

3. 报考非外语专业的考生，可免试外语或外语成绩不计入总分，仅作为录取的参考。

4. 录取有效使用成绩，报考文史类考生的总分满分480分，报考理工类考生（含报考外语专业考生）的总分满分500分。

1979年

1. 外语笔试成绩重点院校录取按10%计入总分，一般院校录取作为参考。

2. 报考外语专业的考生，外语笔试成绩计入总分。数学成绩不计入总分，仅作为录取的参考。

3. 录取有效使用成绩，报考重点院校考生的总分满分510分，报考一般院校和重点院校外语专业考生的总分满分500分。

1980年

1. 外语笔试成绩本科院校录取按30%计入总分，专科院校录取作为参考。

2. 报考外语专业的考生，外语笔试成绩计入总分，数学成绩按30%计入总分。

3. 录取有效使用成绩，报考本科院校考生的总分满分530分，报考专科院校考生的总分满分500分。

（五）关于“文6理6”模式的科目设置改革

“文6理6”模式高考科目改革的目的，主要是提高文史类的历史与地理以及理工类的物理与化学科目的考试权重，以及增加外语考试科目，使之更加适应大学现代化教育和培养的需要，为国家实施四个现代化战略，提供坚实的人才选拔保障。

三、“文6理7”模式

（一）实行年份

1981—1992年。

（二）考试科目

文史类：政治、语文、数学、历史、地理、外语。

理工类：政治、语文、数学、物理、化学、生物、外语。

（三）科目分值

1981年

文史类的语文（附加题20分计入总分）120分，其余科目均为100分，总分620分。

理工类的数学（附加题20分计入总分）120分，生物30分，其余科目均为100分，总分650分。

1982年

文史类的语文（附加题20分计入总分）120分，其余科目均为100分，总分620分。

理工类的数学（附加题20分计入总分）120分，生物50分，其余科目均为100分，总分670分。

1983—1985年

语文120分，数学120分，生物50分，其余科目均为100分。

文史类总分640分，理工类总分690分。

理工类的数学、物理、化学科目以及外语的英语、俄语科目试题，按照中学教学的较高要求，每科增加10分的附加题目，附加题目分数不计入总分，仅作为重点院校录取的参考。

1986—1992年

语文120分，数学120分，生物70分，其余科目均为100分。

文史类总分640分，理工类总分710分。

（四）录取有效使用成绩

1981年

1. 报考非外语专业的考生，外语笔试成绩按50%计入总分。

报考文史类考生的总分满分570分，报考理工类考生的总分满分600分。

2. 报考外语专业的考生，考试文史类科目，外语笔试成绩计入总分，数学成绩按50%计入总分，总分满分570分。

1982年

1. 报考非外语专业的考生，外语笔试成绩按70%计入总分。

报考文史类考生的总分满分590分，报考理工类考生的总分满分640分。

2. 报考外语专业的考生，考试文史类科目，外语笔试成绩计入总分，数学成绩按70%计入总分，总分满分590分。

1983—1992 年

自 1983 年起，全部考生的外语笔试成绩均按 100%计入总分，不再以比例形式进行折合。录取有效使用成绩的总分，即为考生全部考试科目的成绩总分。

（五）关于高考科目设置改革的“上海方案”和“三南方案”

1977 年我国恢复普通高等学校招生考试制度，但几乎与此同时，片面追求升学率问题始终牵绊着高考，如影随形。而且随着高考竞争激烈程度的增强，片面追求升学率的问题也愈发严重，进而衍生出学生偏科、学业负担过重等一系列基础教育问题。相当部分的高中学校从高二年级，更甚者从高一年级开始，即按照高考科目分文理班级上课，文科班不学物理、化学、生物，理科班不学历史、地理，国家设定的教学计划形同虚设。造成高中毕业生知识结构残缺，严重影响到高等教育质量和学生的终身发展。为了解决这些问题，从 1984 起，教育部开始进行高考科目改革，“上海方案”和“三南方案”就是高考科目改革的两次试验。

1987 年上海市率先试行全市统一的高中毕业会考制度，并在会考制度基础上，进行不分文理科类的高考科目改革试验，科目设置模式为“3+会考成绩”，模式中的“3”是指语文、数学、外语三门基础科目，录取有效使用成绩为三门基础科目与高中毕业会考成绩的总分。1988 年进行调整，将科目设置的“3+会考成绩”模式，调整为“3+1”模式。“3+1”模式中的“3”仍指语文、数学和外语 3 门必考的基础科目，“1”是指 1 门选考科目，考生可在政治、历史、地理、物理、化学、生物六个科目中选考一科，共形成6个高考科目组。该方案除具不分文理科类的特点以外，更加突出学生的个性发展，录取时通过选考科目的分数转换后可以互相调剂，较大程度地扩大了考生报考和录取机会。但在实施过程中，出现高中学校分科教学以及学生针对“3+1”科目设置模式对口选课等问题，高中毕业会考制度的设计目标难以达到，学生偏科以及片面追求升学率等问题不但没能有效解决，反而呈现加重趋势。致使社会各界，尤其是普通高等学校对会考制度的信任程度降低，上海方案未能在全国推广。

1990年湖南、云南和海南三省，同样尝试建立在高中毕业会考基础上，不分文理科类的高考科目设置改革试验。科目设置为“四组四科”模式，考生可自愿选择其中一组模式进行考试，当时被称为三南方案。模式的具体设置情况为：

第一组：政治、语文、历史、外语。

第二组：数学、语文、物理、外语。

第三组：数学、化学、生物、外语。

第四组：数学、语文、地理、外语。

三南方案虽然也在形式上解决了文理分科问题，但过于突出外语和相关非基础科目，引起较大质疑。此外通过实施效果的检验，学生偏科问题也没能得到科学有效的解决，三南方案同样未能在全国推广。

四、“3+2”模式

（一）实行年份

1993—1999年。

（二）考试科目

文史类：语文、数学、外语、政治、历史。

理工类：语文、数学、外语、物理、化学。

（三）科目分值

各科目均为 150 分，总分 750 分。

（四）关于“3+2”模式的科目设置改革

1992 年 12 月 31 日，国家教育委员会办公厅发出《关于印发〈一九九三年试行国家教委高考新科目组考试的方案〉的通知》，决定从 1993 年开始，普通高等学校招生考试试行“3+2”科目设置模式。模式中的“3”是指语文、数学、外语 3 门基础科目，为文史与理工类考生的必考科目。其中数学科目分为文科数学与理科数学，根据中学数学教学大纲的不同要求，文科数学与理科数学命题的知识考察范围和要求不同。模式中的“2”是指 2 门分类加试科目，文史类考生加试政治和历史，理工类考生加试物理和化学。1993 年“3+2”科目设置模式在部分省份试行，1995 年在全国推广，“3+2”科目设置模式，在学生偏科问题的解决上有些成效，但对中学的生物和地理科目教学造成极大冲击，同时也对普通高等学校生物与地理相关专业的招生和培养质量造成直接影响。

五、“3+X”模式

“3+X”科目设置模式中的“X”有多种设计形式，其中选择“X”为“文科综合/理科综合”的省份较为普遍，下面以“3+文科综合/理科综合”模式进行叙述。

（一）实行年份

2000 年开始在全国推行。

（二）考试科目

文史类：语文、数学、外语、文科综合。

理工类：语文、数学、外语、理科综合。

（三）科目分值

2000 年

语文、数学和外语科目均为 150 分，文科综合和理科综合科目均为 260 分，总分 710 分。

2001 年及以后年份

语文、数学和外语科目均为 150 分，文科综合和理科综合科目均为 300 分，总分 750 分。

（四）关于"3+X"模式的科目设置改革

"3+X"模式的高考科目改革，是为进一步探索解决高中学生偏科、学业负担过重以及普通高等学校招生的选择性、公平性等问题而进行的。

1999 年 2 月 13 日，教育部印发《关于进一步深化普通高等学校招生考试制度改革的意见》，明确指出本次高考科目改革，遵循"有利于普通高等学校选拔人才，有利于中学实施素质教育，有利于普通高等学校扩大办学自主权"的基本原则，并提出四条改革工作目标。

第一，使用三年左右时间，在全国全面推行实施"3+X"科目设置模式。

第二，对于试题内容，要在总体上更加注重考生能力和素质的考查。

第三，命题范围遵循但不拘泥于教学大纲。

第四，试题设计增加应用型和能力型题目。

“3+X”模式中的“3”，与“3+2”模式中的“3”相同，仍为文史与理工类考生必考的语文、数学、外语3门基础科目，其中数学科目试题仍分文科数学与理科数学进行命制。

“3+X”模式与“3+2”模式的本质区别，在于“3+2”模式中的“2”是必考科目，而“3+X”模式中的“X”是选考科目。“X”在设计意义上具有开放性、自主性和选择性。在“3+X”模式的实施过程中，“X”主要实现了三种设计形式。

第一种是大综合形式，亦即“X”为“文理综合”，包含物理、化学、生物、政治、历史、地理等科目。

第二种是文理分科的小综合形式，亦即“X”为“文科综合/理科综合”，其中文科综合包含政治、历史、地理三个科目，理科综合包含物理、化学、生物三个科目。

第三种是继续承担普通高等学校招生考试改革试验的省份，根据本省的改革试验需要，对“X”科目进行自行设计，“X”可以是政治、历史、地理、物理、化学、生物以及信息技术等科目中的1个或2个科目。

综合科目的命题指导思想，首先是学科内部基础知识、基本技能和解决实际问题能力的综合考查，其次是跨学科的综合考查。同时明确要求，随着高中教学改革的深入，跨学科综合试题与分值比例将逐步增大。“3+X”模式的高考科目改革，凸显综合能力测试因素，有利于高中课程改革，在客观上改变了考试形式的单一化状况，初步探索了普通高等学校招生考试多元化的发展方向，对普通高等学校招生考试内容的改革，起到了前所未有的推动作用。但由于种种更深层次的原因，学生学业负担过重、文理偏科以及普通高等学校招生的选择性等问题，仍未能得到圆满解决。

为适应不同省份高中新课程改革的需要，2011 年文理分科的小综合（3+文科综合/理科综合）试题，增加了新型结构的课标卷试题。原来结构的大纲卷试题与新型结构的课标卷试题分省使用，课标卷试题与大纲卷试题的主要区别是语文、文科数学、理科数学以及文科综合的历史和地理、理科综合的物理、化学和生物科目的试题中，分别设计命制了一组选做题目。各科目试题满分不变，总分仍为 750 分。

选做题目的具体设计情况为：

语文科目设计一组“2 选 1”题目。

文科数学/理科数学科目各设计一组“3 选 1”题目。

文科综合的历史科目设计一组“4 选 1”题目，地理科目设计一组“3 选 1”题目。

理科综合的物理和化学科目各设计一组“3 选 1”题目，生物科目设计一组“2 选 1”题目。

自 2017 年开始，全国各省份的普通高等学校招生考试，将分批实施不分文理科类的“3+3”科目设置模式，期间将出现“3+3”和“3+X”两种科目设置模式并行的局面。“3+3”科目设置模式在全国各省份全部实施后，“3+X”科目设置模式的实施即行结束。

六、“3+3”模式

“3+3”模式，即“3门必考科目+3门选考科目，不分文理科类”模式。

（一）实行年份

2014年上海市和浙江省，从高中一年级学生开始，进行“3+3”模式的高考科目改革试验，2017年两省市的普通高等学校招生考试正式实行“3+3”科目设置模式。其他省份按照教育部的部署，确定改革时间表，分批进行高考科目改革方案制定与实施。

（二）考试科目

必考科目：语文、数学、外语。必考科目为统一考试科目。

选考科目：思想政治、历史、地理、物理、化学、生物。6门选考3门（浙江省的选考科目多一门“技术〈通用技术和信息技术〉”，为7门选考3门）。选考科目为高中学业水平等级性考试科目。

选考科目的规则：在高中学业水平合格性考试基础上，考生根据报考院校招生专业的科目要求和自身特长，从思想政治、历史、地理、物理、化学、生物6门（浙江省的选考科目为7门）科目中，自主选择3门科目进行考试。

（三）科目分值

必考科目的语文、数学和外语，每科均为150分，以原始成绩计入考生总分。

选考科目，每科均为100分（上海市每科均为70分），以等级赋分转换成绩计入考生总分。

总分 750 分（上海市总分 660 分）。

（四）关于“3+3”模式科目设置改革

2013 年 11 月 12 日，中国共产党第十八届中央委员会第三次全体会议，审议通过的《中共中央关于全面深化改革若干重大问题的决定》明确提出“推进考试招生制度改革，探索招生和考试相对分离、学生多次选择、学校依法自主招生、专业机构组织实施、政府宏观管理、社会参与监督的运行机制，从根本上解决一考定终身的弊端。”

2014 年 9 月 3 日，《国务院关于深化考试招生制度改革的实施意见》发布，我国普通高等学校招生考试制度恢复以来，层级最高，同时又最全面和系统的一次招生与考试制度改革正式开始。

对于本次普通高等学校招生考试制度改革，主要有以下四个方面的改革目标。

第一，打破旧的高考模式，部分科目实行一年多考，减轻学生的考试压力。

第二，建立普通高中学业水平合格性考试制度，强调高中学生学习的基础性，从机制上保障高中学生学习好国家规定的所有必修课程，为学生的终身发展奠定综合素质基础。

第三，建立普通高中学业水平等级性考试制度，突出高中学生学习的选择性，赋予高中学生课程学习的选择权，使高中学生在学习好必修课程的同时，有权自主选择自己有兴趣的课程学习，减轻沉重的学业负担。

第四，科目设置改革的主要目的，是革除文理分科积弊，克服文理偏科现象。考试科目不再以文理分科形式进行设置，实行3门必考科目+3门选考科目，不分文理科类的“3+3”科目设置模式。

本次改革采用统一部署、分批进行、稳步推进的办法。

首批实施改革的是上海市和浙江省。

第二批实施改革的是北京市、天津市、山东省和海南省。

第三批确定实施改革的是江苏省、福建省、辽宁省、广东省、湖南省、湖北省、河北省、重庆市。

为确保改革稳步推进原则的全面贯彻，原定也在第三批实施改革的安徽省、江西省、贵州省、河南省、山西省、黑龙江省、吉林省、内蒙古自治区、四川省、西藏自治区，宣布推迟改革时间，充分做好改革的准备工作。

广西壮族自治区、陕西省、云南省、甘肃省、宁夏回族自治区、青海省、新疆维吾尔自治区，同样在努力做好做实改革的准备工作。

下面将已经实施改革或改革方案已经公布省份的相关改革内容简单归纳如下：

第一、二批实施改革省（市）情况

1. 关于一年多考

关于一年多考的考试办法，目前主要是在外语科目和选考科目中试行。对于已经实施改革或改革方案已经公布的省份，外语均实行一年两考的考试办法，其中北京市和山东省外语科目的一年两考，只针对外语听力（含口语）考试部分，笔试部分仍实行一次考试办法。当前试行选考科目提供两次考试办法的只有浙江省。

对于考生一年两考科目的两个考试分数，选择成绩高的一个分数，在招生录取中使用。

2. 关于普通高中学业水平合格性考试

普通高中学业水平合格性考试是检验学生学习程度，引导学生认真学习国家课程方案规定的所有科目，促进学生全面发展，避免严重偏科的一项制度设计，也是本次高考科目设置改革成功的重要基础保障。

考试科目有语文、数学、外语、思想政治、历史、地理、物理、化学、生物、信息技术、通用技术、音乐、美术、体育与健康等。

科目考试成绩以“合格”或“不合格”形式呈现。

3. 关于普通高中学业水平等级性考试（普通高等学校招生考试的选考科目）

考生的普通高中学业水平等级性考试科目，必须在思想政治、历史、地理、物理、化学、生物 6 门科目（浙江省增加技术〈通用技术和信息技术〉，选考科目为 7 门）中自主选择 3 门，且所选择的 3 门科目，必须为普通高中学业水平合格性考试成绩合格的科目。

考生的普通高中学业水平等级性考试科目，就是普通高等学校招生考试的选考科目。科目组合是由考生自主选择确定的，而非统一设置形式。由于不同科目试题的内容、形式、难度、考查角度以及选考考生情况的不同，不同科目的考生原始成绩之间就存在不等值和不可比问题。因此对于选考科目，考生考试的原始成绩是不能直接计入录取总分的，否则，就会造成不同选考科目成绩之间的效力不公平问题。例如，考生E的选考科目为化学、生物、地理，考生F的选考科目为化学、生物、政治，如果当年地理科目的命题难度低于政治，地理科目的整体成绩水平则会高于政治科目，若直接以选考科目的原始成绩计入录取总分，显然对选考政治科目的考生F是不公平的。这就是不同选考科目考生原始成绩之间的不等值和不可比问题。

为解决这一问题，就需遵照政策规定的成绩转换规则，将考生选考科目的原始成绩进行转换，科学公平地解决好不同选考科目原始成绩的不等值和不可比问题，才能进行录取总分的计入，相关录取总分排序及其投档录取工作方可进行。

成绩转换通常遵循“原始成绩→百分比例成绩→等级成绩→转换成绩”的规则。具体讲述，就是根据政策规定的成绩转换规则，对考生选考科目的原始成绩进行等值转换，需要经过以下三个步骤：

第一步，根据考生选考科目原始成绩位次（排名）所在的百分比位置和成绩转换规则，将考生选考科目的原始成绩转换成百分比例形式成绩。

第二步，根据成绩转换规则，将考生的百分比例形式成绩转换成对应的等级形式成绩。

第三步，根据等级赋分规则，将考生的等级形式成绩转换成录取使用的分数形式成绩。

4. 考生选考科目成绩转换规则说明

浙江省

转换规则：考生选考科目成绩按照等级赋分，成绩等级依照规则规定的人数比例进行确定，起点赋分40分，满分100分，共分21个等级，每个等级分差为3分。

具体等级比例与赋分值为：

等级	1	2	3	4	5	6	7	8	9	10
赋分	100	97	94	91	88	85	82	79	76	73
人数比例（%）	1	2	3	4	5	6	7	8	7	7

等级	11	12	13	14	15	16	17	18	19	20	21
赋分	70	67	64	61	58	55	52	49	46	43	40
人数比例（%）	7	7	7	7	6	5	4	3	2	1	1

例如：考生G

选考科目：化学

原始成绩：85分

成绩等级：5等（按照原始成绩分布情况和规定的人数比例划定）

根据转换规则进行转换后的成绩即为：88分。

上海市

转换规则：考生选考科目成绩按照等级赋分，成绩等级依照规则规定的人数比例进行确定，起点赋分40分，满分70分，共分5等11级，每级分差为3分。

具体等级比例与赋分值为：

等级	A+	A	B+	B	B-	C+	C	C-	D+	D	E
赋分	70	67	64	61	58	55	52	49	46	43	40
人数比例（%）	5	10	10	10	10	10	10	10	10	10	5

例如：考生 P

选考科目：历史

原始成绩：96 分

成绩等级：A 等（按照原始成绩分布情况和规定的人数比例划定）

根据转换规则进行转换后的成绩即为：67 分。

山东省

转换规则：考生选考科目成绩按照等级比例转换法则，在等级赋分区间进行赋分，起点赋分 21 分，满分 100 分，共分 8 等级。

具体等级比例与赋分区间为：

等级	比例（%）		赋分区间
A	3	等级比例转换法则	[91—100]
B+	7		[81—90]
B	16		[71—80]
C+	24		[61—70]
C	24		[51—60]
D+	16		[41—50]
D	7		[31—40]
E	3		[21—30]

关于等级比例转换法则规定的考生成绩转换计算办法说明：

设考生的原始成绩为 x；原始成绩所在比例对应的分数区间为 $[a, b]$，a 为区间的最低分数，b 为区间的最高分数；成绩等级对应的转换赋分区间为 $[c, d]$，c 为区间的最低分数，d 为区间的最高分数；考生的转换成绩为 y。则等级比例转换法则规定的考生成绩转换计算办法是：

（1）若 $x=a$ 时，则 $y=c$；

（2）若 $x=b$ 时，则 $y=d$；

（3）若 $a<x<b$ 时，考生成绩转换的计算公式为：

$(b-x)\div(x-a)=(d-y)\div(y-c)$（计算结果十分位四舍五入取整数）

例如：考生 Q

选考科目：地理

原始成绩：61 分

成绩等级：C+

原始成绩所在比例区间为：[58，69]

成绩转换赋分区间为：[61，70]

字母替代：$x=61$；$a=58$；$b=69$；$c=61$；$d=70$。

代入计算公式：$(69-61)\div(61-58)=(70-y)\div(y-61)$

计算结果：$y\approx63.45$。十分位四舍五入取整数 $x=63$。

考生 Q 选考科目地理的转换成绩即为 63 分。

首批实施改革的省份，到现在经过两轮的改革实施，整体运行平稳，但也有一些不尽如人意之处。比如选考科目考生人数不平衡，尤其是选考物理的考生人数比例过低，以及一年两考科目的两次试题难度难于平稳把控等问题。

第三批实施改革省（市）情况

第三批实施改革的八个省（市），在总结前两批实施改革省（市）经验的基础上，制定出台了“3+1+2”科目设置模式的改革方案。

“3+1+2”科目设置模式中的“3”仍指语文、数学、外语3门必考科目；“1”指物理或历史两门选考科目，考生须选考1门；“2”指思想政治、地理、化学、生物四门选考科目，考生须选考2门。3门必考科目均为150分，3门选考科目均为100分，总分750分。

考生成绩计入办法，3门必考科目的语文、数学、外语和选考科目的物理或历史，均以原始成绩计入考生总分，其余2门选考科目均以等级赋分转换成绩记入考生总分。等级赋分起点设定为30分，成绩转换规则与第一、二批实施改革省（市）的转换规则类似。

体育与艺术类专业考试改革

我国普通高等学校招生体育与艺术类的专业考试，先前是由招生高校组织进行的。各招生高校的考核内容、考试办法、评价标准、成绩呈现形式等均不统一。为实现体育与艺术类专业考试的科学化和标准化，我国分别于20世纪 70 年代末和 90 年代初，开始推行普通高等学校招生体育、艺术类专业统考（联考）制度。

体育类专业统考制度建立于 1979 年，当时的考试以省辖市（地区）为组织单位，到 20 世纪 80 年代中期，逐步过渡到省级统考形式。体育类专业省级统考制度在全国推行后，专业校考制度即予废止。

体育类专业统考项目分身体素质和专项技术两种类型，身体素质共设置 5 个项目组，合计 11 个项目；专项技术共设置 6 个专项和 4 个附加专项，合计 10 个项目。

一、身体素质

第一组：100 米跑（速度）。

第二组：立定跳远、二级蛙跳、立定三级跳远（下肢爆发力）。

第三组：原地推铅球、双手后抛铅球、一分钟杠铃连续挺举（力量）。

第四组：十字变向障碍跑、三角形障碍跑、五米三向折回跑（灵敏）。

第五组：800 米跑（耐力）。

身体素质项目分必考和选考两种，必考 1 个项目，选考 3 个项目，共考试 4 个项目。

必考项目：第一组 100 米跑。

选考项目：可先在第二、三、四、五组中选择 3 组，再从选择的 3 组中各选择 1 个项目。

选考项目由省级招生考试部门，根据本省份的实际情况统一选择确定，并提前向考生公布。

二、专项技术

6 个专项为：篮球、足球（男）、排球、武术、体操和田径。

田径专项包括跑、跳、投三类项目。

跑类项目：200 米、400 米、1500 米、100 米栏（女）、110 米栏（男）。

跳类项目：跳高、跳远、三级跳远（男）、撑竿跳高（男）。

投类项目：铅球、铁饼、标枪或竹竿枪。

4 个附加专项为：乒乓球、游泳、举重和艺术体操。

专项技术项目由考生自主选择确定 1 个项目并报名参加考试。

分值设置：身体素质单项均为 15 分，四项合计 60 分；专项技术 40 分；总分 100 分。

体育类专业省级统考制度实行到 20 世纪 90 年代末期，由于不同专项技术项目考试成绩之间的不等值问题，引发考生以及社会诸多方面，对专项技术项目考试公平公正性的质疑，矛盾逐渐突出。为确保体育类专业省级统考的信度、效度和公平公正原则的贯彻落实，部分省份的专业省级统考，取消专项技术项目，只考四项身体素质项目，每项 25 分，总分仍为 100 分。

艺术类专业省级统考（联考）制度，于 1992 年开始试行，考试的专业类别、考核内容、成绩呈现形式以及组织实施办法等均由各省份根据本地的实际情况决定。起初省级统考（联考）的专业类别较少，后来逐渐扩大。现行的统考专业类别有美术、音乐、舞蹈、表演、书法等；联考专业类别有广播电视编导及戏剧影视文学、播音与主持艺术等。

考试科目与分值设置如下：

美术

考试科目：色彩、素描、速写。

分值设置：各科目均为100分，总分300分。

音乐

考试科目：理论（听写、乐理）、视唱、演唱（演奏）。

分值设置：各科目均为100分，总分按照科目成绩的规定比例折算后合成。科目成绩的规定比例为理论22%（听写14%，乐理8%），视唱8%，演唱（演奏）70%。总分100分。

舞蹈

考试科目：基本功、自选舞蹈表演、音乐命题即兴表演。

分值设置：各科目均为100分，总分按照科目成绩的规定比例折算后合成。科目成绩的规定比例为基本功40%，自选舞蹈表演30%，音乐命题即兴表演30%。总分100分。

书法学

考试科目：临摹（楷书临摹、隶书临摹、行书临摹）、中国书法常识、创作（楷书创作、自选书体创作）。

分值设置：各科目均为100分，总分按照科目成绩的规定比例折算后合成。科目成绩的规定比例为临摹30%（楷书临摹、隶书临摹、行书临摹各10%），中国书法常识10%，创作60%（楷书创作、自选书体创作各30%）。总分100分。

表演

考试科目：声乐、形体、台词、才艺展示、表演。

分值设置：各科目均为100分，总分按照科目成绩的规定比例折算后合成。科目成绩的规定比例为声乐10%，形体20%，台词20%，才艺展示20%，表演30%。总分100分。

广播电视编导及戏剧影视文学

考试科目：笔试（文学创作、影视材料评析）、面试（基本条件与即兴评述、才艺展示）。

分值设置：各科目均为100分，总分按照科目成绩的规定比例折算后合成。科目成绩的规定比例为笔试60%（文学创作、影视材料评析各30%），面试40%（基本条件与即兴评述30%，才艺展示10%）。总分400分。

播音与主持艺术

考试科目：基本条件与指定作品朗读、即兴评述、才艺展示、自备文学作品朗读。

分值设置：各科目均为100分，总分按照科目成绩的规定比例折算后合成。科目成绩的规定比例为基本条件与指定作品朗读45%，即兴评述35%，才艺展示10%，自备文学作品朗读10%。总分100分。

由于艺术类专业的特殊性，艺术类专业省级统考（联考）制度实行后，专业校考制度并没有停止实行，高校招生可以直接使用专业省级统考成绩，也可以在专业省级统考基础上，再行组织专业校考，并使用专业校考成绩，或专业省级统考成绩与校考成绩联合使用。

2018年12月29日，教育部办公厅印发《关于做好2019年普通高等学校部分特殊类型招生工作的通知》，并附件《2019年普通高等学校部分特殊类型招生基本要求》，对于艺术类专业校考制度进行了相关调整，规定要求“省级统考已涵盖的专业，高校一般应直接使用统考成绩作为考生的专业考试成绩。确有必要补充考核的艺术类本科专业，高校应面向省级统考合格生源组织校考。省级统考未涵盖的艺术类专业，高校可组织校考。”“除经教育部批准的部分独立设置的本科艺术院校（含部分艺术类本科专业招生参照执行独立设置本科艺术院校招生办法的少数高校）外，2019年高校美术学类和设计学类专业一般不再组织校考；2020年起使用省级统考成绩，不再组织校考；其他艺术类专业校考原则上在学校所在地组织，确有必要在异地设立考点的，须经考点所在地省级招生考试部门同意，且校外考点数量最多不得超过5个。”“艺术类专业点设立不足四年的高校，凡省级统考涉及的专业，一律不得组织校考，应直接使用省级统考成绩。”从2019年起，艺术类专业校考规模将大幅度减少，艺术类专业省级统考成绩在招生录取中的效力将逐渐提高。

标准分数制度改革

标准分数是相对于原始分数而建立的考生成绩表述概念。原始分数是按照评分实施细则确定的评分标准与规则，对考生试卷作答反应直接评判出的分数，所反映的是考生答对题目的数量和作答的正确程度。在现行的普通高等学校招生考试制度中，对于统一设置的必考科目，考生的成绩总分通常实行各单科原始分数直接相加的办法。从数学逻辑上分析，不同科目原始分数之间是存在等值性差异问题的，而等值性差异问题必将导致不同科目原始分数的不可比性，因此这种考生成绩总分的计算办法，在具有强烈选拔功能的招生录取中使用，其科学性和正确性是值得商榷的。

下面我们对考生各考试科目原始分数的等值性与可比性问题进行讨论。

第一，对于相同的单科科目，考生的原始分数具有等值性特征，是具有直接可比性的，原始分数高的就优秀于原始分数低的。

比如语文科目，考生 R 的语文原始分数为 90 分，考生 S 的语文原始分数为 80 分，若单就语文单科成绩进行评价，考生 R 就优秀于考生 S。

第二，对于不同的多科科目，由于在通常条件下，不同科目试题的命制难度，是做不到绝对平衡的，而考生的科目原始分数直接受到科目试题难度等因素的影响。科目试题难度大了，原始分数就会整体偏低；难度小了，原始分数就会整体偏高。因此考生个体和整体的多科科目原始分数均不具有等值性特征，是不具有直接可比性的。

先看考生个体不同科目的原始分数情况。比如对于语文和数学两个科目，考生 T 的语文原始分数为 80 分，数学原始分数为 70 分，从原始分数来看，其语文成绩是优秀于数学成绩的。但如果本次考试全体考生语文原始分数的平均分为 86 分，而数学原始分数的平均分为 60 分，则考生 T 的语文成绩处于全体考生的平均水平之下，而数学成绩处于全体考生的平均水平之上，若对考生的原始成绩进行评价，显然考生 T 的数学成绩是优秀于语文成绩的。因此考生个体不同科目的原始分数不具有等值性特征，是不具有直接可比性的。

再看考生整体不同科目的原始分数情况。仍以语文和数学两个科目为例，全体考生的语文和数学的原始分数分别符合正态分布要求，两科试题的科学性、选拔性特征均没有问题，但难度存在差异。语文科目试题难度较低，成绩第一名的考生 U 考得 90 分；数学科目试题难度较大，成绩第一名的考生 V 考得 80 分。从科目原始分数的选拔效力来讲，考生 U 和 V 分别为本次考试中，语文科目或数学科目成绩的第一名，考生 U 的语文 90 分与考生 V 的数学 80 分，应为同等效力的，也就是本次考试的语文 90 分与数学 80 分的选拔效力是等值的。因此考生整体不同科目的原始分数同样不具有等值性特征，也是不具有直接可比性的。

三看考生多科科目原始总分情况。由于不同科目的原始分数之间存在不具有等值性和可比性问题，因此考生的多科科目原始总分同样不具有等值性特征，也是不具有直接可比性的。实际上对于科目满分相同的多科科目，只有在全部科目原始分数的平均值和标准差均相同的条件下，各科目的原始分数之间才具有等值性，考生多科科目的原始分数才具备直接相加的条件，此种条件下的原始总分才具有等值性。但通常情况下，各科目原始分数的平均值与标准差均相同的情况非常罕见，概率极小。这就是统一设置科目的考试，考生总分实行各单科科目原始分数相加办法的问题所在。

这里举一个比喻性的例子，考生的多科科目原始分数相加，比如“语文 120 分+数学 130 分+外语 100 分=350 分”，这样的加法算式其实与“人民币 120 元+港币 130 元+欧元 100 元=350 元”的加法算式一样，均违背了“单位不同，不能相加”的加法原则，虽然人民币、港币和欧元的单位都是“元”，但是这三个“元”是不等值的，算式本身就是不正确的，这个和数“350 元”，是不能准确反映其真实价值的。因此考生的多科科目原始总分同样不具有等值性特征，是不具有直接可比性的，不同科目的原始分数相加是不科学的，也是不合理的。

为科学解决不同科目考试成绩的等值性与可比性问题，我国在 20 世纪 90 年代，就开始了考试成绩标准化转换的标准分数制度科研工作。1994 年 4 月 8 日，国家教育委员会办公厅就发出《普通高等学校招生全国统一考试建立标准分数制度实施方案》，并在海南、广东两省试行普通高等学校招生考试标准分数转换试验。2007 年广东省实行新课程改革，停止了标准分数转换试验工作。

标准分数是在原始分数基础上，按照确定的规则推导出来的相对地位量数。海南省试验的标准分数由常模量表分数、等值量表分数等量表分数组成。各科目原始分数到标准分数的转换，均遵循“平均分为500和标准差为100”的转换规则。将考生各科目的标准分数进行合成后，再按规定进行转换，即可得到考生标准分数制度下的综合总分。考生各科目的标准分数和综合总分，都是用常模量表分数表示的。考生的原始成绩总分与标准分数制度下的综合总分，是两个性质不同的分数概念，原始成绩总分是考生各科目原始分数求和的结果，而综合总分是在各科目标准分数合成后，再次依照既定规则转换的结果。综合总分既不是各科目标准分数的总和，也不是各科目标准分数的均数，其本质意义是反映考生成绩水平在总体考生成绩水平中的相对地位量数。经过标准分数的转换，就使考生各科目标准分数和综合总分具有了共同的参照分数基点，分数单位也被统一到同一“量尺”标准，合理解决了不同考试科目原始分数和原始总分的不等值性与不可比性问题，使考生分数含义的解释更为科学，确保了考生成绩在招生录取中的等值化使用，有效维护了普通高等学校招生的公平公正原则。

标准分数的改革试验，取得了考生考试分数的合理科学解释与等值化使用的可喜成果，但却在很大程度上颠覆了人们对传统分数概念的认知习惯。这是因为各单科科目的标准分数和标准分数制度下的综合总分，所具有的不同性质特点而引发的。

对于单科科目的标准分数，在完成标准分数的转换后，原始分数高的标准分数也高，原始分数低的标准分数也低，原始分数相同的标准分数也相同，考生成绩的位次顺序不会发生变化，单科科目标准分数的这一性质特点，与人们对传统分数概念的认知习惯相一致，是能够接受的。

而对于标准分数制度下综合总分的位次排序，则可能出现颠覆人们认知习惯的结果。在完成标准分数制度下综合总分的转换后，相对于考生原始总分的位次排序，综合总分的位次排序可能会发生变化，出现原始总分位次高的综合总分位次变低，原始总分位次低的综合总分位次变高，原始总分位次相同的综合总分位次变为不同，原始总分位次不同的综合总分位次变为相同等考生总分位次排序改变的情况。标准分数制度下综合总分的这一性质特点，正是标准分数制度改革的本质意义和目的，是科学合理的。但为确保改革的公众满意度和维护社会稳定，普通高等学校招生考试的标准分数制度，还未在全国推广，当前只在海南省实行。

分省自主命题改革

我国普通高等学校招生考试的分省自主命题改革，是1988 年上海市进行“3+1”模式科目设置改革试验时，率先开始的。2000 年为顺应全国不同省份高中课程改革的需求，以及降低全国统一命题的安全保密风险，教育部加快分省自主命题改革步伐。2002 年北京市加入自主命题改革阵营，从 2004 年开始，分省自主命题改革进入快车道，先后加入自主命题阵营的省份有天津市、辽宁省、江苏省、浙江省、福建省、湖北省、湖南省、广东省、重庆市、山东省、安徽省、江西省、四川省和陕西省。到2006年，全国实行分省自主命题的省份已达16个，超过全国省份总数的一半。普通高等学校招生“统一考试，分省命题”的格局基本形成。分省自主命题改革，对进一步推动基础教育改革和素质教育实施提供了良好的试验平台，也对体现考试的地方教育特色起到了良好的引导作用，同时很大程度地缓解了全国统一命题的巨大安全保密压力。但在分省自主命题的改革实践中，也相继出现了一些新的问题。比如：

一、命题质量与水平问题

我国普通高等学校招生考试所具有的公平、高效与权威等特征，是建立在高质量和高水平命题的坚实基础上的，若命题出现信度、效度、区分度等质量问题，将直接影响到考试的选拔效果，进而影响到考试的公平性和权威性。对于普通高等学校招生考试的分省自主命题工作，除需要省级考试部门具备强有力的组织管理队伍和高标准的保障条件以外，还需要充足数量和学科门类齐全的高水平优秀命题教师。命题教师既要了解普通高等学校招生对人才选拔的知识和能力要求，还要全面了解本省基础教育情况，更要对所命题学科具有深厚的学术造诣。因此自主命题省份在管理、保障和命题教师储备等方面的工作难度不言而喻，尤其缺乏雄厚高等教育资源的省份，高水平命题教师储备与聘用的困难程度更高，确保命题质量与水平的难度很大。

二、命题成本过高问题

普通高等学校招生考试试题是国家绝密级材料，分省自主命题的教师选聘、工作人员配备、组织管理、工作与生活以及安全保密的设施设备建设等，均须达到国家绝密级材料制作的标准。为确保命题工作的顺利完成和安全保密的万无一失，自主命题省份均须投入巨大的人力、财力和物力，对命题工作进行全面的坚实保障，这便造成命题成本过度增高的问题。

三、安全保密管理难度提升问题

普通高等学校招生考试的全国统一命题，安全保密问题涉及全国范围，风险巨大。分省自主命题，安全保密问题的涉及范围缩小到一个省份，转化为局部问题，风险程度相对降低，但命题单位相应增加，涉密人员规模增大，保密场所数量增多，安全保密问题的发生概率随之提高，安全保密的管理难度出现大幅度提升问题。

2014 年，国家调整分省自主命题政策，扩大使用全国统一命题试卷的省份，这是国家关于深化普通高等学校招生考试改革的一项重要措施。至 2016 年，使用全国统一命题试卷的省份已回归到 26 个，继续进行自主命题的只有北京市、天津市、上海市、浙江省、江苏省五个省（市）。

网上评卷改革

网上评卷是利用现代计算机技术、网络技术和图像电子扫描技术，将考生答卷进行扫描后，转换成电子图像文件；选择题答卷由评卷管理系统自动评分，非选择题答卷经过评卷系统的保密处理后，通过评卷系统随机分发给评卷教师进行评分；考生成绩按设定程序由评卷管理系统自动合成、校验和统计的一种现代化评卷方式。

网上评卷改革，实现了评卷方式的划时代蜕变，评卷管理水平和试卷评阅质量得到空前提升，改革效果显著。

一、网上评卷流程

（一）答卷扫描。采用高速扫描仪进行考生答卷扫描，并系统采集考生基本信息、选择题OMR涂点答案电子图像信息和非选择题答卷电子图像信息。

（二）图像切分。扫描仪根据学科评卷组的要求，将非选择题答卷的电子图像，按题目组合切分成多个切分题目答卷电子图像文件。

（三）选择题答卷评分。选择题答卷评分工作，由评卷系统根据指令输入的选择题标准答案和分值信息，与考生OMR涂点答案电子图像信息比对后，自动完成。

（四）非选择题答卷评分。非选择题答卷评分，实行双评（或多评）模式，考生非选择题答卷的得分，根据网上评卷成绩确定原则进行确定。在双评模式下，两位评卷教师对同一考生同一切分题目答卷的独立评分差值称为双评差值。双评差值的最大允许阈值称为双评误差阈限。当双评差值大于双评误差阈限或其中一个评分为零分，另一个评分为非零分时，评卷系统将自动把该切分题目答卷转发给第三位评卷教师进行评分，此评分程序称为三评。对于经过三评程序评阅后的答卷，若出现三次评分两两之间的差值均超过双评误差阈限的情况，评卷系统则自动将该切分题目答卷转发给学科评卷组仲裁专家，由仲裁专家进行仲裁评分，仲裁评分即为考生该切分题目答卷的最终评分。

（五）考生成绩形成。评卷系统将非选择题和选择题成绩合并、校验、统计无误后，形成考生成绩。

二、考生成绩确定原则

双评（或多评）模式下，考生非选择题答卷的成绩确定，遵循平均性、接近性、就高性和仲裁四条原则。

考生成绩确定原则的具体实施规则如下：

（一）平均性原则

1. 当双评的两个评分差值小于或等于双评误差阈限时，取两个评分的均值作为考生该题目答卷的得分。

2. 三评评分与一个双评评分的差值小于或等于双评误差阈限，而与另一个双评评分的差值大于双评误差阈限，则取差值小于或等于双评误差阈限的两个评分均值，作为考生该题目答卷的得分。

3. 当双评分数中一个评分为零分、另一个评分为非零分，三评与双评评分中非零分的评分差值小于双评误差阈限，则取其均值，作为考生该题目答卷的得分。

（二）接近性原则

三评评分与双评的两个评分差值都小于双评误差阈限，则取差值小的两个评分均值，作为考生该题目答卷的得分。

（三）就高性原则

若三评评分与双评的两个评分差值相等，且均小于双评误差阈限，则取三个评分中较高的两个评分的均值，作为考生该题目答卷的得分。

（四）仲裁原则

1. 三评评分与双评的两个评分差值均大于双评误差阈限。

2. 三评评分为零分。

3. 作文双评或三评有一个评分是满分。

考生的题目答卷评分出现以上三种情况，评卷系统即自行启动评卷仲裁程序。

三、评卷质量检验

（一）总体一致性检验

通过对评卷系统提供的评分分布曲线、评分均值曲线和评分标准差曲线的监控与评价，对题目组、题目小组和评卷教师的评卷质量进行总体一致性检验。

（二）专家一致性检验

评卷系统在评卷工作中，按照学科评卷组规定的比例，给评卷教师随机发放已由学科评卷组专家评定分数的测试卷，通过评卷教师评分与专家评分的比对，对评卷教师的评卷质量进行专家一致性检验。

（三）个人一致性检验

评卷系统在评卷工作中，按照学科评卷组规定的比例，给评卷教师随机发放个人复评试卷，通过评卷教师复评分数与本人原评分数的比对，对评卷教师的评卷质量进行个人一致性检验。

（四）评分合理性检验

学科评卷组使用评卷系统的复查功能，对评卷教师评定的零分和满分卷，实行逐份复查的办法，对评卷教师的评卷质量进行评分合理性检验。

（五）随机抽查检验

学科评卷组的质量检查人员，使用评卷系统的随机抽查质检功能，按照学科评卷组设定的比例要求，对评卷教师的评卷质量进行随机抽查检验。

（六）系统指标检验

学科评卷组根据评卷系统提供的题目组、题目小组以及评卷教师的评卷量、三评率、仲裁率、有效评卷率、异常差错量等评卷数据统计报表，通过综合评价分析的办法，对题目组、题目小组以及评卷教师的评卷质量进行系统指标检验。

（七）评分准确性检验

考生的各科目选择题和非选择题答卷成绩合成后，省招生考试部门使用评卷系统提供的逻辑校验和系列抽样成绩校验程序，对整体评卷质量进行评分准确性检验。

四、网上评卷改革的主要成果

（一）选择题和非选择题的答题区域在同一张答题卡上进行设计，为考生答卷和考试管理提供了方便。

（二）实现了考生答卷电子图像化和数据化转换，并对答卷的电子图像文件采用了图像水印技术、数字签名技术以及加密技术，确保了考生答卷和评卷数据的保密与安全。

（三）对考生非选择题答卷，采用不同评卷教师分别对同一考生的同一道切分题目独立进行评阅的评卷模式，亦即双评（或多评）模式。使用双评误差阈限设置对评卷质量进行控制，利用评卷管理系统的质量检查手段，对评卷质量进行全面检查与监督，空前地提高了评卷质量。

（四）评卷管理系统建立了评卷工作实时监控体系和程序化的、便捷科学的管理机制，实现了评卷工作的现代化管理目标。为全面贯彻落实评卷工作“公平、规范、科学、准确、安全”的基本原则，提供了坚强的技术支持和措施保障，坚实维护了评卷工作的公正性和权威性。

（五）传统方式评卷工作中的人工合分、移分、登分、复查、校对等工作环节，在网上评卷工作中均由评卷管理系统自动完成，彻底解决了传统方式评卷工作的差错颇多问题，确保了考生成绩的准确性。

（六）评卷系统翔实的评卷数据统计与相关信息报告，为试题评价和考生答卷情况分析提供了科学全面的依据，从而对中学的教育教学工作起到重要的指导作用。

第六节　招生制度改革

我国普通高等学校的招生制度，与考试制度一样，自1977年恢复以来，也一直与时俱进地进行着调整与改革，为国家强盛和民族复兴提供人才支持，做出了巨大贡献。

少年班招生

少年班招生是国家不拘一格选拔智力超常、德智体综合素质特别优异的早慧少年，实施创新教育与素质教育相结合的，卓越人才培养试验的特殊类型招生制度。

1974年5月，世界著名华裔物理学家、诺贝尔物理学奖获得者李政道教授回国访问，在接受毛泽东主席和周恩来总理接见时，就提出“理科人才也可以像文艺、体育人才那样，从小培养”“可参照招收和培养芭蕾舞演员的办法，从全国选拔很少数，十三四岁的、有培养条件的少年，到大学去培训，培养一支少而精的基础科学工作队伍”的建议，得到毛泽东主席和周恩来总理的赞同。但因诸多因素的限制，该项建议没能及时得到落实。

1978 年 3 月，在邓小平、方毅等党和国家领导人的支持和推动下，中国科学技术大学首先创办大学少年班，其创办目的就是选拔天资优异的早慧少年，并对其进行超常教育，以培养科学技术领域出类拔萃的优秀人才，探索中国优秀人才培养规律，推动中国教育和科技事业的快速发展。同年的 3 月 18 日至 31 日，全国科学大会在北京召开，邓小平在大会开幕式上的重要讲话中指出“在人才问题上，要特别强调一下，必须打破常规去发现、选拔和培养杰出人才。”讲话中的“打破常规”，就是对中国科学技术大学创办少年班的充分肯定。

大学少年班的出现具有一定的历史偶然性，但却是我国高等教育史上的一大创新，也是一项具有重要意义的超常教育实践。对于超常教育，世界上很多国家都在进行研究，尤其是教育发达国家。据有关资料介绍，20 世纪 70 年代，美国就设立“天才儿童教育局”，并有 100 多所大学对天才学生进行专门培养；英国也设立“天才儿童国家协会”；法国、德国、日本、澳大利亚等 40 多个国家也相继开展超常教育实践。

自1978年中国科学技术大学开始创办大学少年班，到1985年，全国又有北京大学、清华大学、北京师范大学、吉林大学、复旦大学、上海交通大学、南京大学、东南大学、浙江大学、武汉大学、华中科技大学、西安交通大学等十多所著名大学相继开办大学少年班。

经过几年的试办后，由于大学少年班的招收对象为天资优异的早慧少年，个性特征各异，其选拔标准难以把握，招生难度较大；同时大学少年班学生，对个性化培养的要求很高，相应的培养成本也较高；加之学生年龄小，自我约束能力和生活自理能力相对较差，综合管理难度较大等多方面的原因，多数大学停止了少年班的招收工作。截至目前，继续进行大学少年班招生，进行超常教育实践的只有中国科学技术大学、西安交通大学和东南大学三所重点大学。

三所重点大学少年班的招收条件、培养目标与培养办法各具特色。

一、中国科学技术大学

招收条件：学习成绩优秀、创新潜力突出，16周岁以下的高二（含）以下年级优秀理科学生。

培养目标：定位为培养未来10年至20年后，中国乃至世界学术界、产业界科技创新的领军人物。

培养办法：遵从“以生为本”的指导思想，坚持“破格选拔，因材施教”的教育理念。

少部分专业意愿十分明确的学生，从入学起直接进入主修专业，按照相关专业培养计划学习。

大部分学生实行两段式学科平台“2+2”培养模式，前两年完成基础课程学习，后两年在导师指导下进行个性化专业学习。

在培养过程中重视激发学生对科学的兴趣，尽早引导他们进入科学研究一线，通过实践锻炼，帮助学生选择和调整专业方向，有针对性地修读相关课程。鼓励专业交叉，学生可以选修多个专业课程，使得学生有较为广泛的适应面，同时在符合自己兴趣、特长、能力的方向有充分的发展，实现“广度”和“深度”的和谐统一。

二、西安交通大学

招收条件：德智体全面发展，智力超常、身心健康，15周岁以下的应届初中毕业生。

培养目标：具有广博精深知识、良好思想品德与创新精神，能在未来跻身于世界一流科学研究和创新发明的卓越人才。

培养办法：“预科—本科—硕士”贯通培养。其中预科两年，本科四年，硕士两年。实行“预科+基础通识+宽口径专业+创新能力”的培养模式。

三、东南大学

招收条件：成绩优异、智力出众，具有专才和特长，身体健康，具有良好心理素质和较强生活自理能力，15周岁以下的高二（含）以下年级理科学生。

培养办法：考生可在东南大学当年公布的所在省理工类招生专业或专业类中选择专业学习。

少数民族班与少数民族预科班招生

少数民族班与少数民族预科班招生，是国家为加快培养少数民族人才而设立的特殊类型招生制度。

新中国成立之初，我国的一些民族院校就先后举办了少数民族班和少数民族预科班，随之一些其他的普通高等学校、中等专业学校以及成人高等学校，也相继举办了相当数量的少数民族班和少数民族预科班，对提高少数民族学生的文化基础知识，培养少数民族人才起到了很大作用。

1980年6月21日，教育部印发《关于1980年在部分重点高等学校试办少数民族班的通知》，决定有计划、有重点地在部分重点普通高等学校举办民族班。当年即在北京大学、清华大学、北京师范大学、大连工学院、陕西师范大学等5所院校开始试办少数民族班，共招收学生150人。北京大学的少数民族班为本科，其余院校的少数民族班为预科，学生从参加高考的少数民族考生中择优录取，预科班可以降低30分录取。预科主要补习高中课程，特别是数学、物理和化学课程，并提高汉语听课能力，经过1年至2年的预科学习，合格者直接升入本校本科有关专业学习。毕业后一般回生源地工作。1981年中山大学、华中师范学院等院校也开始试办少数民族班。

1984年3月，教育部、国家民族事务委员会联合印发《关于加强领导和进一步办好高等院校少数民族班的意见》，肯定了试办少数民族班的作用，并决定普通高等学校少数民族班分预科、专科、本科三种形式进行举办。预科的主要任务是根据少数民族学生的特点，采取特殊措施，着重提高其文化基础知识，加强基本技能训练，使学生在德、智、体等方面得到进一步发展和提高，为升入本、专科学习打下基础。学习时间分 1 年、2 年两种。本科、专科的任务，则是根据专业的培养目标和要求，培养少数民族各类专业人才。自当年起，少数民族班招生开始面向农村、山区、牧区、边远地区倾斜，实行定向招生、定向培养、定向分配政策。

2005 年 4 月 1 日，《教育部关于印发〈普通高等学校少数民族预科班、民族班招生工作管理规定〉等的通知》发布，《普通高等学校少数民族预科班、民族班招生工作管理规定》正式实行，对普通高等学校招生少数民族班和少数民族预科班的生源要求、录取标准等进一步做出了政策规定。

一、生源要求

少数民族班和少数民族预科班的生源，限定为当年参加普通高等学校招生全国统一考试的少数民族考生。重点招收边远农村、高寒地区、山区、牧区的少数民族考生，适量招收散居杂居地区的少数民族考生。

二、录取标准

本科预科班。本科预科班录取分数线，不得低于相关省份本科相应批次有关院校录取分数线以下 80 分。

专科预科班。专科预科班录取分数线，不得低于相关省份专科相应批次有关院校录取分数线以下 60 分。

民族班。民族班录取分数线，不得低于相关省份本（专）科相应批次有关院校录取分数线以下 40 分。

定向就业招生

定向就业招生是国家为边远地区、少数民族聚居地区等经济发展相对落后地区，以及工作环境艰苦行业培养人才的特殊类型招生制度。

定向就业招生计划属于国家指令性招生计划范畴，学生毕业后直接到定向就业单位工作，这样的毕业生就业办法，是为解决边远地区、少数民族聚居地区以及工作环境艰苦行业等国家重点建设项目急需人才，却又"分不去，留不住"的困难问题，而专门设计制定的。定向就业招生制度的建立，除具制度设计的初衷目的以外，同时也是普通高等学校毕业生就业分配制度的尝试性改革。

定向就业招生始于1983年，当年教育部印发《关于一九八三年全国全日制高等学校招生工作会议的报告》和《一九八三年全国全日制高等学校招考新生的规定》，颁布了定向就业招生的相关政策规定，明确要求中央部属的农业、林业、地质、能源、气象、测绘、轻工、国防军工等普通高等学校，可分别按照隶属关系，面向农场、牧场、林区、矿区、油田、野外地质、远洋捕捞生产、气象台站、国防工业等工作环境艰苦行业和单位进行定向就业招生。同时支持省、自治区、直辖市所属普通高等学校，面向教育基础薄弱的革命老区、少数民族聚居地区、山区、边远地区以及工作环境艰苦行业进行定向就业招生。

定向就业招生，可适当降低控制分数线录取。

定向就业招生政策的核心内涵是定向就业，而不是定向生源范围。政策开始实施的前期，效果很好，圆满实现了政策设计的初衷，为边远地区、少数民族聚居地区以及工作环境艰苦行业的人才培养做出了巨大贡献。到20世纪90年代后期，我国高等教育的规模和质量都得到空前发展与提高，高等教育毕业生就业的供需矛盾发生本质转变，定向就业招生的急迫需求已经基本解决。教育部在《2005年普通高等学校定向就业招生工作的通知》中，明确提出“各省、自治区、直辖市所属高等学校自2005年起，一般不再安排定向就业招生计划。对口支援边疆少数民族地区的省、直辖市所属普通高等学校，如确因边疆少数民族地区国家重点建设项目用人单位需要，拟招收少量定向就业生的，须经省级教育行政部门报我部核准后，方可编制定向招生计划，招生人数不得超过本校本年度招生计划总规模的1%。”同时对中央部属普通高等学校的定向就业招生政策进行调整，提高了定向就业招生计划的审核与编制要求，加强了定向就业招生政策的实施管理。实际上，从2005年起，各省、自治区、直辖市所属普通高等学校基本停止了定向就业招生政策的实施。中央部属普通高等学校的定向就业招生规模也大幅度缩减。当前我国只有很少数的普通高等学校进行定向就业招生，定向就业单位主要为工作环境艰苦行业和西藏等少数民族聚居地区。

现行的定向就业招生政策也更加严谨和规范。

一、招生计划编列

定向就业招生计划由定向就业单位与定向培养高校，根据实际需要分别向属地省级教育行政部门与高校主管部门申请报批，并按照规定程序呈报教育部核准后，方可进行招生计划编列。

二、生源要求

不限生源范围，凡符合报考高校当年《定向就业招生章程》相关条件的考生均为合格生源。

《定向就业协议》签订。考生填报定向就业招生志愿，需按规定要求和时间与招生高校及定向就业单位签订《定向就业协议》或《报考申请书》。对拒绝按照相关要求签订《定向就业协议》或《报考申请书》的定向就业招生考生，招生高校可不予录取，已录取的可取消其入学资格。

三、录取政策

普通高等学校定向就业招生与非定向就业招生工作在同一录取批次进行安排，同一时间进行投档录取工作。若招生高校定向就业招生计划，在本校非定向就业招生计划投档分数线上不能完成，省级招生考试部门可在其非定向就业招生计划投档分数线下20分以内，批次录取控制分数线以上，进行补充投档，由招生高校择优录取。若生源仍然不足，未完成的定向就业招生计划，就地转为非定向就业招生计划执行。

四、学生待遇

定向就业招生的学生，在校期间免缴学杂费，并可根据相关规定享受定向奖学金。

五、毕业生就业

定向就业招生的学生，学习期满毕业后，须到定向就业单位工作至规定服务年限，服务期满后允许流动。对拒绝到定向就业单位工作的毕业生，须退还在校期间享受的全部学杂费和定向奖学金，并须按照相关规定缴纳违约金。若定向就业单位因情况变化，不再需要定向就业招生毕业生到单位工作的，则定向就业招生毕业生可与非定向就业招生毕业生一样，享受国家同等择业政策，不需退还在校期间享受的学杂费和定向奖学金等相关费用，也不需承担“违约”责任。

委托培养招生

委托培养招生是由用人单位委托普通高等学校，按照国家调节性计划进行招生和培养，学生毕业后到委托培养单位工作的特殊类型招生制度。

委托培养招生制度的建立，派生出国家招生计划的调节性计划类型，开始了我国普通高等学校招生的国家指令性计划与调节性计划并行的“双轨制”时代。

委托培养招生始于 1984 年，当年 6 月 24 日，教育部、国家计划委员会、财政部联合印发《高等学校接受委托培养学生的试行办法》，明确要求“为了适应社会主义现代化建设的需要，高等教育事业要加速发展，培养数量较多、质量较高、多种规格的各类专门人才。按现行管理体制，高等学校在保证完成国家下达的指令性招生计划的前提下，试行委托培养学生的办法，可以发挥高等学校的办学潜力，开辟高等教育经费来源，加强学校和用人单位的联系与合作，打通高等学校为城乡集体所有制单位及个体户培养专门人才的路子，推动高等教育改革，达到增加培养数量，提高教育质量，更好地适应经济建设和社会发展对专门人才实际需要的目的。”

当时的委托培养招生政策，以快速解决各级国家部门、各类企事业单位对专门人才的急需矛盾为宗旨，对委托培养单位的规定要求相当宽泛，“省、自治区、直辖市，中央、国务院部门，全民所有制和城乡集体所有制企事业单位及个体户，均可通过协商，签订合同，委托高等学校培养学生。其中省、自治区、直辖市和中央、国务院部门以及相关全民所有制企事业单位委托培养的学生，必须从参加普通高等学校招生全国统一考试的考生中录取新生；农业、石油、地质、煤炭等全民所有制企事业单位和山区、边远地区、少数民族聚居地区以及城乡集体所有制企事业单位、个体户委托培养学生，可由委托单位推荐学生，或划定生源范围，但考生必须参加普通高等学校招生全国统一考试，并达到录取标准方可录取。”

委托培养招生计划，由接受委托的普通高等学校编制，经学校主管部门批准，报教育部审核后，即可向社会进行公布并执行。

委托培养学生招生，可适当降低控制分数线录取。

委托培养招生实行合同制管理办法，委托单位与培养高校、委托单位与委托培养的学生要分别签订委托培养合同，委托培养经费由委托培养单位提供，委托培养学生在学期间，与国家指令性计划统一招收的学生享受相同待遇。委托培养学生毕业后，按照委托培养合同的要求，到委托培养单位工作。

委托培养招生制度是我国普通高等学校招生计划和毕

业生分配制度的一项重要改革，它对鼓励和提高普通高等学校加快人才培养的积极性，更好地满足当时社会对高级专门人才的迫切需求，推动国家四个现代化战略的全面实施，起到了非常积极的作用。

委托培养招生制度实行到20世纪末，随着我国高等教育的快速发展，毕业学生就业的供需矛盾发生重大转变，委托培养招生制度的设计目的已经圆满实现。2000年国家实行普通高等学校招生与分配制度的“并轨”改革，委托培养招生制度停止实行。

自费生招生

自费生招生是普通高等学校在保证完成国家指令性计划招生任务的前提下，按照国家调节性计划面向社会招收由学生负担培养费用，毕业后学校推荐就业或自谋职业的特殊类型招生制度。

自费生招生制度的建立与开始实行时间，与委托培养招生制度相同，也是1984年。自费生招生制度的建立，扩大了普通高等学校招生国家调节性计划类别与规模，为国家“统招统分”的指令性招生计划转型，进一步奠定了制度基础。

1984年的自费生招生只在广东省少数几所普通高等学校进行，当年的招生规模很小。

1985年5月27日，《中共中央关于教育体制改革的决定》（以下简称《决定》）颁布实行，《决定》提出：党的十二届三中全会关于经济体制改革的决定，为我国社会生产力的大发展、为我国社会主义物质文明和精神文明的大提高，开辟了广阔的道路。今后事情成败的一个重要关键在于人才，而要解决人才问题，就必须使教育事业在经济发展的基础上有一个大的发展。

对于普通高等学校招生计划与毕业分配制度改革，《决定》指出：要改革大学招生的计划制度和毕业生分配制度。改变普通高等学校全部按照国家指令性计划统一招生，毕业生全部由国家包下来分配的办法，对于普通高等学校的招生与毕业生就业，决定实行以下三种办法：

第一，国家指令性计划招生。要做好发展高等教育的总体规划和人才需求的中长期预测，切实改进指令性招生计划工作，努力克服指令性招生计划同国家远期和近期需要脱节的状况。这部分学生的毕业分配，实行在国家计划指导下，由本人选报志愿、学校推荐、用人单位择优录用的制度。为了保证边远地区及工作环境艰苦行业能分配到一定数量的毕业生，应按照国家计划的一定比例实行定向招生，到这些地方工作的毕业生待遇从优。为了保证国防的需要，要为人民解放军培养一定数量的毕业生。

第二，用人单位委托招生。为了鼓励学校挖掘潜力多招学生，为了更好满足社会对人才的需求，近年来行之有效的用人单位委托培养学生制度，要继续推行和逐步扩大，使之成为国家招生计划的重要补充。委托单位要按照议定的合同向学校交纳一定数量的培养费，毕业生应按照合同规定到委托单位工作。

第三，还可以在国家指令性计划外招收少数自费生。

学生交纳一定数量的培养费，毕业后可以由学校推荐就业，也可以自谋职业。

《决定》从党和国家层面，正式确认了国家调节性计划的委托培养和自费生招生制度。到1986年，自费生招生制度在全国的普通高等学校全面实行。当时自费生招生录取的最大政策特点同委托培养招生一样，各省份可根据本地生源实际情况，适当降低控制分数线进行录取工作。

自费生招生制度实行到20世纪80年代末期，招生规模逐渐扩大，各地的政策实施也不尽一致，为对自费生招生计划管理和招生原则进行政策规范，1990年7月9日，国家教育委员会、人事部、国家计划委员会、公安部和商业部联合印发《普通高等学校招收自费生暂行规定》，对自费生招生计划管理和招生原则进行了明确的政策规范。

一、自费生招生计划管理

普通高等学校招生自费生计划是国家招生计划的一部分。国家在核定的各地区、各部门招生总额中确定招收自费生的比例，由高等学校按照国家年度招生计划的编制要求单独编列，报送主管部门汇总平衡，纳入年度招生计划和生源计划，经批准后执行。各部门、地区、高等学校可以根据具体情况少招或不招，但未经国家教育委员会、国家计划委员会批准，均不得在国家核定的招生总额之外擅自增加自费生招生数。地方院校不得跨地区招收自费生。

二、自费生招生原则

普通高等学校招收的自费生，必须参加普通高等学校招生全国统一考试；必须坚持面向社会公开招生的原则，使具有自费能力，统考成绩达到标准的考生获得平等竞争的机会，以利于社会安定；必须坚持择优录取的原则，以适应培养要求，为社会主义建设输送合格人才。

实行国家调节性计划招生，尤其是自费生招生，是普通高等学校全培养成本收费的过渡办法，是我国高等教育国际化和市场化的必由之路，也是高等教育更趋公平公正的必然选择。

自费生招生制度实行到20世纪末，2000年国家实行普通高等学校招生与分配制度的“并轨”改革，在自费生招生制度基础上，建立了现行的上学交纳培养费用和毕业后自谋职业的普通高等学校招生与就业制度。

保送生招生

保送生招生是指相关中学或部门，根据国家政策，向有关普通高等学校推荐保送符合规定资格的考生，经招生高校文化测试与考核合格后，免于参加普通高等学校招生全国统一考试，而直接录取入学的特殊类型招生制度。

保送生招生制度在我国有着较长的实行历史，民国时期的大学招生就曾有保送生招生形式，新中国建立后的十七年期间，大学招生也实行保送生招生制度，我国新的保送生招生制度是1985年开始试行的。

1988年国家教育委员会正式颁布《普通高等学校招收保送生的规定》，对具有招收保送生资格的普通高等学校进行了确定，面向全国范围招收保送生的有北京大学等52所普通高等学校，面向本省范围招收中等师范学校保送生的为省属师范本科院校，同时还明确了外国语中学，向有关外国语本科院校及其他具有招收保送生资格的普通高等学校的外国语专业，推荐保送优秀应届毕业生的规定。

对于保送生的资格条件，随着社会的发展，国家进行过两次大的制度调整与规范。

2000 年，保送生的资格条件调整规范为：

一、按照《中共中央办公厅、国务院办公厅关于适应新形势进一步加强和改进中小学德育工作的意见》和《教育部关于学习贯彻〈中共中央办公厅、国务院办公厅关于适应新形势进一步加强和改进中小学德育工作的意见〉的通知》要求，在高中阶段被评为省级优秀学生的应届高中毕业生。

二、高中阶段在全国中学生学科奥林匹克竞赛全国决赛（包括中国数学奥林匹克竞赛、全国中学生物理竞赛决赛、全国高中学生化学竞赛、全国中学生生物学竞赛、全国青少年信息学奥林匹克竞赛）中获得一、二、三等奖的应届高中毕业生。

三、高中阶段在全国中学生学科奥林匹克竞赛省级赛区竞赛（包括全国高中数学联赛〈省级赛区〉、全国中学生物理竞赛〈省级赛区〉、全国高中学生化学竞赛〈省级赛区〉、全国中学生生物学联赛、全国青少年信息学奥林匹克联赛）中获得一等奖的应届高中毕业生。

四、高中阶段在全国青少年科技创新大赛（含全国青少年生物和环境科学实践活动）或“明天小小科学家”奖励活动或全国中小学电脑制作活动中获得一、二等奖的应届高中毕业生。

五、高中阶段在国际科学与工程大奖赛或国际环境科研项目奥林匹克竞赛中获奖的应届高中毕业生。

六、根据外国语言文学类专业对生源的特殊要求，经教育部批准具有推荐保送生资格的外国语中学，仅可向普通高等学校的外国语言文学类专业，推荐思想品德和学习成绩优秀且高中阶段均在该校就读的应届高中毕业生。

七、符合公安部、教育部印发的《普通公安院校招收公安英烈子女保送生的暂行规定》中，有关保送资格要求的公安英烈子女。

八、根据国家体育总局、教育部等六部（局）联合印发的《关于进一步做好退役运动员就业安置工作的意见》，退役运动员符合下列条件之一，即具备保送资格：

曾获得全国体育比赛前三名、亚洲体育比赛前六名、世界体育比赛前八名或获得球类集体项目运动健将、田径项目运动健将、武术项目武英级运动员、其他项目国际级运动健将称号。

2011 年，保送生的资格条件再次调整规范为：

一、省级优秀学生类。按照相关要求，在高中阶段被评为“省级优秀学生”的应届高中毕业生。

二、国际奥林匹克竞赛国家队学生类。在高中阶段获得全国中学生（数学、物理、化学、生物学、信息学）奥林匹克竞赛决赛一等奖，并被遴选为参加国际奥林匹克竞赛国家队集训的应届高中毕业生。

三、外国语中学学生类。高中阶段连续在具有推荐保送生资格的外国语中学就读，并具有正式学籍，且思想品德和学习成绩优秀的应届高中毕业生。此类学生仅面向普通高等学校外国语言文学类专业推荐保送。

四、公安英烈子女类。符合公安部和教育部相关规定要求的公安英烈子女。

五、优秀运动员类。优秀运动员保送高等学校学习亦称优秀运动员免试进入高等学校学习。其资格必须符合下列条件之一：

（一）获得指定项目比赛最高级别组（具体项目与组别由国家体育总局确定后向社会公布）全国前三名、亚洲前六名、世界前八名。

（二）获得足球、篮球、排球、田径、武术项目运动健将称号。

（三）获得其他项目国际级运动健将称号。

现行的保送生招生录取程序为：

参加保送生招生的考生均须参加户籍所在地招生考试部门组织的高考报名。

一、省级优秀学生类考生，由本人向所在中学申请，并经相关部门对其资格审核合格后，则可向招收高校进行报名。

二、国际奥林匹克竞赛国家队学生类考生，由本人向所在中学申请，并经相关部门对其资格审核合格后，则可向招收高校进行报名。

三、外国语中学学生类考生，由所在外国语中学和相关部门，根据公布的推荐办法与规定名额公开进行选拔，经选拔并被确定保送资格合格后，则可向招收高校进行报名。

省级优秀学生、国际奥林匹克竞赛国家队学生和外国语中学学生三类保送生须按下列程序进行录取工作。

（一）招收高校对报名本校的考生进行文化测试和相关考核。

（二）所在中学、省级招生考试部门和招收高校分别依程序进行公示。

（三）招收高校还须将文化测试和相关考核合格，拟予录取的保送生相关信息数据上报教育部高校招生“阳光工程”指定平台公示。

（四）省级招生考试部门于普通高等学校招生全国统一考试前，从教育部高校招生“阳光工程”指定平台下载相关高校拟录取的保送生信息，进行审核确认，办理录取手续。

（五）招收省级优秀学生、国际奥林匹克竞赛国家队学生和外国语中学学生三类保送生的高校，共有北京大学等130余所，均为具有“985工程”建设、“211工程”建设、“双一流”建设特征高校或其他重点大学。

（六）具有推荐保送生资格的外国语中学有天津外国语学校、石家庄外国语学校、太原外国语学校、长春外国语学校、上海外国语大学附中、南京外国语学校、杭州外国语学校、厦门外国语学校、南昌外国语学校、济南外国语学校、郑州外国语学校、武汉外国语学校、广东外语外贸大学附设外语学校、深圳外国语学校、重庆外国语学校、成都外国语学校，共计16所。

四、公安英烈子女类考生，由本人向烈士生前所在单位或英模现在工作单位提出申请，相关接收申请单位要逐级上报至省级公安机关进行资格审核。审核合格的考生，按照公安部的相关规定填报院校志愿并参加公安部组织的统一入学考试。根据考试成绩和所填报的院校志愿，由公安部确定考生的录取高校，并通知考生所在省级招生考试部门，办理录取手续。

招收公安英烈子女保送生的高校均为公安院校，招收高校由公安部确定后进行公布，或通知具备保送资格的考生。

五、优秀运动员类考生，由本人根据高校当年《优秀退役运动员保送生招生章程》，自行联系拟申请就读高校，征得招收高校同意并办理相关手续后，于规定时间在中国运动文化教育网或体教联盟APP网站的“优秀运动员免试入学系统”进行报名。考生资格审核与推荐工作由相关体育管理部门在规定时间完成，通过审核的推荐考生名单由国家体育总局相关部门在中国运动文化教育网及体教联盟APP网站上进行公示。推荐考生名单经教育部批准后，由相关省级招生考试部门和招收高校按照规定程序办理录取手续。优秀运动员免试进入普通高等学校的录取专业，通常为体育学类专业，若考生申请就读其他专业，则须参加规定的文化课考试，文化成绩还须达到相关要求。

招收优秀退役运动员保送生的高校，由国家体育总局确定后进行公布，或通知具备保送资格的考生。

已被确认录取为保送生的考生，不再参加普通高等学校招生全国统一考试。

2016年12月30日，教育部颁布《2017年普通高等学校部分特殊类型招生基本要求》，明确提出“按照中央有关规定，为进一步清理和规范保送生项目，对2017年秋季及以后进入高中阶段一年级的学生，将取消省级优秀学生保送资格条件，2020年起所有高校停止省级优秀学生保送生招生；有关外国语中学推荐保送生限额逐步减少，高校要安排外国语言文学类专业招收外国语中学的推荐保送生，并向国家‘一带一路’倡议实施所需的非通用外语语种专业倾斜。”

因此我国普通高等学校招生保送生制度，自2017年起，又将进行两项调整。

第一项是到2020年，“省级优秀学生”将不再具备保送生资格。

第二项是外国语中学推荐保送生限额将逐步减少，同时招生专业向国家“一带一路”倡议实施所需的非通用外语语种专业倾斜。

运动训练、武术与民族传统体育专业招生

运动训练、武术与民族传统体育专业招生，简称体育单招，是针对具有二级（含）以上运动技术等级资格考生设立的特殊类型招生制度。

体育单招始于1986年，是教育部和国家体育总局联合管理的单独招生系列。

一、培养目标

运动训练专业主要培养具有竞技运动基本理论和知识，掌握专项运动训练的基本能力，具备从事运动训练教学、训练、科研、管理等方面工作条件的高级专门人才。

武术与民族传统体育专业主要培养具有武术、传统体育养生、民族民间传统体育基本理论和知识，掌握武术与民族传统体育项目训练的基本能力，具备从事武术与民族传统体育教学、训练、科研、组织竞赛、裁判、管理等方面工作条件的高级专门人才。

二、报考资格

除符合当年度普通高等学校招生工作规定的报名条件外，还须具有规定运动项目的二级（含）以上运动技术等级资格。

三、考试

体育单招考试，实行文化考试和体育专项考试相结合的办法。

多年来体育单招的文化考试和体育专项考试，一直由招生院校负责组织实施，为进一步提高考试的信度和效度，国家体育总局和教育部，分别于 2015 年和 2018 年对体育单招文化考试与体育专项考试办法进行改革。

2015 年文化考试实行全国统一考试办法，由各省级招生考试部门统一组织实施。考试在 4 月下旬进行，具体时间由国家体育总局和教育部确定后提前向社会公布。考试科目为：语文、数学、政治、英语，各科目分值满分均为 150 分，总分 600 分。

2018年体育专项考试实行分项目全国统考或分区统考办法，由国家体育总局委托相关体育专业院校负责组织实施。体育专项考试满分100分，考试执行国家体育总局颁布的《普通高等学校运动训练、武术与民族传统体育专业体育专项考试方法与评分标准》，考生须按照所获运动技术等级证书上注明的运动项目（不能跨项）进行体育专项考试。

运动训练专业考试的运动专项分冬季项目和其他项目。

冬季项目有速度滑冰、短道速滑、花样滑冰、冰球、冰壶、越野滑雪、高山滑雪、跳台滑雪、自由式滑雪、单板滑雪、冬季两项。

其他项目有射击、射箭、场地自行车、公路自行车、山地自行车、BMX小轮车、击剑、现代五项、铁人三项、马术、帆船、赛艇、皮划艇静水、皮划艇激流回旋、蹼泳、滑水、摩托艇、举重、柔道、摔跤、拳击、跆拳道、田径、游泳、公开水域游泳、跳水、水球、花样游泳、体操、艺术体操、蹦床、技巧、手球、曲棍球、棒球、垒球、足球、篮球、排球、沙滩排球（二人制）、乒乓球、羽毛球、网球、橄榄球、高尔夫球、围棋、国际象棋。

武术与民族传统体育专业考试的运动专项有武术套路、武术散打、中国式摔跤。

四、录取

体育单招的文化和体育专项录取最低控制分数线，由国家体育总局统一划定。各招生院校根据本校当年招生计划及生源等实际情况，分专项划定本校的文化和体育专项录取控制分数线。对于具有一级运动员、运动健将（含国际级运动健将）技术等级资格的考生，招生院校可根据国家体育总局和教育部规定的降分政策进行录取。

录取工作根据考生的院校志愿顺序和体育专项，按照综合分择优办法进行。综合分计算公式为：综合分=（文化总分÷6）×30%+专项总分×70%。

招生院校在规定时间，将拟录取考生名单上传国家体育总局中国运动员文化教育网“体育单招考试管理系统”。相关省级招生考试部门在规定时间，从“体育单招考试管理系统”分招生院校下载拟录取的本省考生信息，审核并办理录取手续。

体育单招录取工作通常要求在招生当年的5月底前完成。

已被体育单招确认录取的考生，不得自行放弃录取资格，同时不再参加普通高等学校其他招生形式的录取。

高水平运动队招生

高水平运动队招生是借鉴发达国家培养优秀运动员的成功经验，为提高我国运动员文化教育水平和普通高等学校竞技体育水平，而试点招收具有相关运动技术等级资格考生的特殊类型招生制度。

高水平运动队招生始于1986年，当时称作高水平运动员招生，只在少数几所普通高等学校尝试性进行。

1987年国家教育委员会印发《关于部分普通高等学校试行招收高水平运动员工作的通知》，批准清华大学、复旦大学等51所普通高等学校，正式进行高水平运动员的招收试点工作。

一、报考条件

凡在体育传统项目学校和试点中学学习的学生，符合《普通高等学校招生暂行条例》规定的报名条件，高中阶段获得省级（含）以上体育竞赛前六名以及获得二级（含）以上运动员证书者，均可以高水平运动员身份，报考试点招收高水平运动员的普通高等学校。

二、招生政策

以高水平运动员身份报考的考生，经试点高校的运动专项测试，并成绩合格后，即可按照下列政策进行录取。

（一）在省级体育竞赛中获得前六名以及获得二级运动员证书者，试点高校可在生源省份本科院校录取控制分数线以下 50 分以内择优录取。

（二）在国际体育组织主办的各种正式比赛中获得前八名，全国性体育比赛（包括为参加世界中学生体育比赛举办的全国性选拔赛）中获得前六名或获得运动健将、一级运动员证书者，试点高校可在生源省份本科院校录取控制分数线以下 80 分以内择优录取。

（三）文化考试总成绩在生源省份本科院校录取控制分数线以下 200 分以内，取得上述运动竞赛名次或等级运动员证书，并确有发展潜力和培养前途的考生，可以录取为预备班学员。

2015 年教育部高校学生司印发《关于做好 2015 年高校部分特殊类型招生工作的通知》，将高水平运动员招生的名称概念，更改为高水平运动队招生。

普通高等学校高水平运动队的报考条件和录取政策，经过多年的完善与调整，逐步形成现行的报考条件与录取政策。

一、报考条件

符合当年度普通高等学校招生工作规定的报名条件，同时还须具备下列条件之一。

（一）高级中等教育学校毕业，获得国家二级运动员（含）以上运动技术等级证书，且高中阶段在省级（含）以上比赛中获得集体项目前六名的主力队员或个人项目前三名的运动员。

（二）具有高级中等教育毕业同等学力，获得国家一级运动员（含）以上运动技术等级证书，或近三年内在全国（或国际）集体项目比赛中获得前八名的主力队员。凡以同等学力报考的考生，还须按照相关要求进行同等学力资格认定，未经同等学力资格认定的考生不得报考。

二、招生政策

（一）试点高校要遵循运动队建设和发展规律，研究制定本校运动队建设规划及招生需求，根据急需程度，合理安排并公布运动队各项目招生计划，其中集体项目每年招生人数不得超过该项目赛事规定的一方最多同时上场人数。运动队招生规模不得超过试点高校上一年度本科招生计划总数的1%，并须在教育部核准公布的运动项目范围内招生。

（二）报考试点高校高水平运动队的考生，需参加运动专项测试，成绩合格并与招收高校签订相关协议后，可在招收高校录取时享受降分的优惠政策。运动专项测试采取全国统考、高校联考或高校校考的组织方式，全国统考项目有跆拳道、击剑、棒球、射击、手球、垒球、橄榄球、冰雪、赛艇、攀岩等十个项目。考生被录取后，进入普通专业学习，同时成为招收高校高水平运动队队员，并须在课余时间积极参加学校高水平运动队的训练与比赛等活动。

（三）招收高校负责对考生报考资格进行审核，严格依据国家体育总局“运动员技术等级综合查询系统”公示的相关信息，核实考生运动技术等级，并对核实结果进行截图保存。考生报考的运动项目须与本人运动员技术等级证书上注明的运动项目相一致。

（四）对于举办定向越野、龙舟（无运动技术等级标准）等运动项目高水平运动队的高校，根据相关规定要求确定报考条件，报教育部备案并向社会公布后，方可实施招生工作。

（五）除足球项目外，招收高校体育类专业已涉及的运动项目，高水平运动队不再进行招生。要加强从普通在校生中选拔培养高水平运动队队员。

（六）招收高校要严格按照运动专项测试成绩和不超过高水平运动队招生计划数 2 倍的规定，择优确定运动专项测试合格考生名单。

（七）招收高校在本校招生网站，进行运动专项测试合格考生信息公示，同时上报教育部高校招生“阳光工程”指定平台进行公示。未按规定程序进行公示的考生，不得以高水平运动队招生办法进行录取。

（八）招收高校统筹考虑学生运动特长和学业发展，严格执行有关高考文化成绩录取要求，在生源省份招生考试部门划定的第二批本科（不含第二批本科C类院校，下同）录取最低文化控制分数线上，录取运动专项测试合格考生。

（九）对于运动专项测试成绩特别突出的考生，招收高校可适度降低高考文化成绩要求，但不得低于生源省份第二批本科录取最低文化控制分数线的65%，此类考生录取人数不得超过招收高校当年高水平运动队招生总计划数的30%。

（十）对于获得一级运动员、运动健将、国际级运动健将称号之一的考生，招收高校对其文化课考试和录取可采用以下两种方式：

1. 参加当年国家体育总局组织的运动训练、武术与民族传统体育专业单独招生（以下简称：体育单招）文化课全国统一考试，采取文化课考试成绩合格分数线由招收高校自主划定的办法进行录取。通过体育单招文化课考试方式录取的考生人数不得超过招收高校当年高水平运动队招生总计划数的20%。

2. 参加普通高等学校招生文化课全国统一考试，按照生源省份第二批本科录取最低文化控制分数线，或不低于生源省份第二批本科录取最低文化控制分数线65%的办法进行录取。

目前我国招收高水平运动队的普通高等学校共有270余所。

对口升学招生

对口升学招生是国家有目的、有计划地从中等职业学校（普通中专学校、职业中专学校、职业高中学校、成人中专学校、技工学校）招收高等教育学生的一种招生制度。

对口升学招生开始于20世纪80年代末，当时为适应社会对人才的需求，同时为大力促进职业教育发展，满足中等职业学校学生的升学深造愿望，国家出台了对口升学招生的专项措施。对口升学招生计划属于普通高等学校招生计划系列，中等职业学校毕业生对口升学进入本、专科普通高等学校，继续对口学习本专业或临近专业，与普通高考录取学生的待遇一样。具体的试题命制、考试组织、招生录取以及相关配套政策，均由各省份根据本行政区域的实际情况进行确定。20世纪80至90年代，对口升学通常采取中等职业学校推荐，对口招生的普通高等学校组织考试和择优录取办法。21世纪初期对口升学招生逐步进入省级统一命题、统一考试和统一录取的“三统”时代。

现以山西省为例，对其现行的对口升学考试录取等相关情况进行简要叙述。

一、考试

共分四个类型进行。

（一）信息技术、土木水利、交通运输、资源环境、种植园艺、养殖、医学、护理、财经商贸、旅游服务等专业类，实行“文化素质+职业技能”的考试办法。文化素质考试分语文、数学、英语三个科目进行，每科满分均为100分，总分满分300分。职业技能考试为合格性考试，考试分专业基础知识和专业基本技能操作两部分，专业基础知识考试采取机考形式，专业基本技能操作采取现场或机考形式，成绩均以“合格”或“不合格”形式呈现。考生的专业基础知识和专业基本技能操作考试成绩均为合格，则职业技能考试成绩为合格。

（二）英语、音乐、舞蹈、表演、美术等专业类，实行“文化素质+专业测试”的考试办法。文化素质的考试科目和分值设置与第一类型相同。英语专业类的专业测试为口语测试，口语测试为合格性考试，考试成绩以“合格”或“不合格”形式呈现。音乐、舞蹈、表演、美术等专业类的专业测试满分均为 100 分。

（三）教育专业类，实行只考文化素质的办法。文化素质的考试科目和分值设置与第一类型相同。

（四）其他专业类，实行“文化素质+专业综合”的考试办法。文化素质的考试科目和分值设置与第一类型相同，专业综合科目满分 300 分，总分满分 600 分。

二、志愿设置

实行平行专业志愿设置模式。

三、投档

实行平行专业志愿投档与录取办法。

（一）对于报考信息技术、土木水利、交通运输、资源环境、种植园艺、养殖、医学、护理、财经商贸、旅游服务等专业类，且职业技能考试合格的考生，根据考生所填报的志愿和文化素质总分，按照平行专业志愿投档办法进行投档。

（二）对于报考外语专业类，且口语测试合格的考生，根据其填报的志愿和文化素质总分，按照平行专业志愿投档办法进行投档。

对于报考音乐、舞蹈、表演、美术专业类，且文化素质和专业测试总分均达到划定的录取最低控制分数线的考生，根据其填报的志愿和专业测试总分，按照平行专业志愿投档办法进行投档。

（三）对于报考教育专业类的考生，根据其填报的志愿和文化素质总分，按照平行专业志愿投档办法进行投档。

（四）对于报考其他专业类的考生，根据其填报的志愿和总分（文化素质分数+专业综合分数），按照平行专业志愿投档办法进行投档。

四、录取

招生高校依据本校当年《对口升学招生章程》公布的录取规则和相关要求，对投档考生进行录取工作。

专升本招生

专升本招生是指高等教育专科层次的学生，通过专门的选拔程序，升入本科层次学习的一种招生制度。

专升本招生分为两种类型。

第一类是普通高等教育专升本招生，生源资格为全日制普通高等学校的专科应届毕业生。不同省份专升本招生的概念名称有所不同，如河北省称为普通高校专接本，广东省称为普通高校专插本，江苏省称为普通高校专转本，其余省份称为普通高校专升本。

第二类是成人高等教育专升本招生，主要包括自学考试专升本、成人高考专升本、网络教育专升本、开放大学专升本等。

这里只对普通高等教育专升本招生进行介绍。

20世纪80年代初期，我国为数很多的本科普通高等学校均附设有专科层次教育，当时的普通高等教育专升本招生主要在普通高等学校内部进行，专升本的生源资格、选拔程序、录取标准等政策规矩，均由招生的普通高等学校，根据本校实际情况，自行设计制定并予实施。

1999年1月，国务院批转教育部《面向21世纪教育振兴计划》，明确提出：允许职业技术院校的毕业生经过考试接受高一级学历教育。为了构建与社会主义市场经济体制和高等教育内在规律相适应、不同类型普通高等教育相互衔接的教育体制，使部分优秀高职高专毕业生能够进入普通本科阶段学习。同年6月《中共中央国务院关于深化教育改革全面推进素质教育的决定》发布，再次重申：高职高专应届毕业生经过一定选拔程序可以进入普通高等学校本科继续学习。

2000年，江苏省和上海市率先进行普通高等教育专升本招生试点工作。之后，普通高等教育专升本招生制度在全国其他省份相继实施。

各省份普通高等教育专升本招生的考试科目与分值设置，以及招生录取政策等，均由各省份根据本行政区域的实际情况进行确定。

这里仍以山西省为例，对其现行的专升本考试录取等相关情况进行简要叙述。

一、考试

考试科目：两门公共基础科目（大学语文、英语）、一门专业综合科目。英语专业类加试口语测试。体育教育、音乐学、音乐表演、舞蹈学、舞蹈编导、播音与主持艺术专业类加试专业测试。

分值设置：公共基础科目的大学语文和英语满分均为 150 分，专业综合科目满分为 200 分，总分 500 分。英语专业类的口语测试为合格性考试，考试成绩以“合格”或“不合格”形式呈现。体育教育、音乐学、音乐表演、舞蹈学、舞蹈编导、播音与主持艺术等专业类的专业测试满分均为 100 分。

二、志愿设置

实行平行专业志愿设置模式。

三、投档

实行平行专业志愿投档与录取办法。

对于报考英语专业类，且口语测试合格的考生，根据其填报的志愿和文化总分，按照平行专业志愿投档办法进行投档。

对于报考体育教育、音乐学、音乐表演、舞蹈学、舞蹈编导、播音与主持艺术专业类的考生，在划定的录取文化和专业最低控制分数线上，根据其填报的志愿和专业测试总分，按照平行专业志愿投档办法进行投档。

对于报考其他专业的考生，根据其填报的志愿和文化总分，按照平行专业志愿投档办法进行投档。

四、录取

招生高校依据本校当年《专升本招生章程》公布的录取规则和相关要求，对投档考生进行录取工作。

高水平艺术团招生

高水平艺术团招生是为推进高校美育工作开展，活跃校园文化生活，提高当代大学生综合素质，同时承担校园艺术文化普及和对外交流演出任务，引领、辐射和带动全国高校相关艺术团的发展和提高，而在部分国家部委直属重点高校，试点招收具有艺术特长考生的特殊类型招生制度。

高水平艺术团招生试点始于21世纪初期，当时称作艺术特长生招生，被确定进行艺术特长生招生试点的普通高等学校共有40余所。

2015年教育部高校学生司印发《关于做好2015年高校部分特殊类型招生工作的通知》，将艺术特长生招生的名称概念，更改为高水平艺术团招生。招收高水平艺术团的普通高等学校扩大到50余所。

一、现行的高水平艺术团招生政策

（一）试点高校高水平艺术团包括合唱团、交响乐团、民乐团、民族舞团、芭蕾舞团、现代舞团、话剧团、戏剧团、曲艺团等。高水平艺术团招生主要招收艺术团首席表演者，或对幼功要求高的相关专业项目的艺术团成员，不得招收与艺术团无关的艺术特长生。已开设有艺术类专业的试点高校，不再单独招收相应专业项目的艺术特长生，美术、书法、播音与主持艺术专业不得纳入艺术团招生范围。各试点高校根据本校高水平艺术团需要，确定招收的艺术项目和人数，并以当年本校《高水平艺术团招生章程》形式向社会进行公布。招生人数控制在上一年度本科招生计划总数的1%以内，艺术团招生测试合格的考生情况，须按照规定程序进行公示。

（二）报考试点高校高水平艺术团的考生，需参加招收高校组织的艺术团招生专项测试，成绩合格并与招收高校签订相关协议后，可在招收高校录取时享受降分的优惠政策。考生被录取后，进入普通专业学习，同时成为学校高水平艺术团成员，并须在课余时间积极参加学校高水平艺术团的排练与演出等活动。

（三）招收高水平艺术团的试点高校，可在生源省份对本校平行志愿最终模拟投档分数线下20分以内，录取专项测试合格考生，但不得低于生源省份第一批本科录取最低文化控制分数线。对极少数艺术团测试成绩特别突出的考生，可适度降低高考文化成绩要求，但仍然不得低于生源省份第一批本科录取最低文化控制分数线，且此类考生的录取人数不得超过招收高校当年高水平艺术团招生总计划数的10%。2020年起，取消对“极少数艺术团测试成绩特别突出的考生”，进一步降低文化课成绩录取要求的优惠办法。

飞行学员招生

飞行学员招生是国家设立的选拔民用和军队飞行学员的特殊类型招生制度。

民航飞行学员通常称为民航飞行学生。

1986年12月16日，国家教育委员会、中国民用航空总局联合印发《关于民航飞行专科学校一九八七年招收飞行学生的通知》，部署1987年开始从高中毕业生中招收民用航空飞行学生工作。当时民用航空飞行学生的招生与培养任务，由中国民用航空专科学校承担，飞行学生的招收与培养层次为专科。1987年12月15日，经国家教育委员会批准，中国民用航空专科学校升格为本科院校，更名为中国民用航空飞行学院。自1988年开始，中国民用航空飞行学院飞行学生的招收与培养层次提升为本科。现在面向普通高中毕业生招收民用航空飞行学员的有中国民航大学、中国民用航空飞行学院、南京航空航天大学、安阳工学院等院校。

1988年2月23日，国家教育委员会、公安部、解放军总政治部联合印发《关于空、海军一九八八年招收飞行学员的通知》，决定从当年起，在参加普通高等学校招生全国统一考试的考生中，开始进行部分空军和海军飞行学员的招收工作。现在面向普通高中毕业生招收空、海军飞行学员的院校有空军航空大学和海军航空大学。

民用航空、空军与海军飞行学员的招收，通常以男性考生为主，并对考生年龄、身体、心理等基本条件以及政治考核（或背景调查）情况要求较为严格。考生在年龄符合要求、身体与心理检测合格、政治考核（或背景调查）合格以及普通高等学校招生全国统一考试成绩合格的情况下，才能报考相关招收飞行学员的高校。

军校生与国防生招生

军校生与国防生招生，均是国家根据国防和军队现代化建设需要，为军队培养高素质干部队伍和新型作战力量人才，而设立的特殊类型招生制度。

军校生与国防生的主要区别是培养模式不同，军校生是由军事院校直接培养，国防生是依托普通高等学校培养。

1987 年 3 月 31 日，国家教育委员会、解放军总政治部联合印发《关于一九八七年军事院校从地方招收高中毕业生的通知》，自当年起，开始了军事院校从地方招收高中毕业生工作。军校生入学后即取得学籍和军籍，享受军队供给制学员待遇，毕业后根据军委相关部门下达的分配计划，统一分配到军队系统，并任命为初级军官。

1999 年 7 月 17 日，教育部、财政部、人事部与解放军总政治部、总参谋部、总后勤部、总装备部联合印发《关于在普通高等学校开展选拔培养军队干部试点工作的通知》，自当年起，开始了依托普通高等学校招收培养国防生工作。国防生入学后暂不办理入伍手续，暂不取得军籍，在校期间享受军队提供的国防奖学金，接受所在普通高等学校与军队驻校选培办公室双重管理，国防生完成规定学业，参加统一组织的军政训练，达到培养目标，取得毕业资格和相应学位后，由军队驻校选培办公室根据军委相关部门下达的分配计划，统一分配到军队系统。到部队报到后办理入伍手续，取得军籍，其职级确定、军衔评授、专业技术职务评任以及其他个人待遇，与同期入军校学习的军校生相同。

军校生与国防生对考生类别、年龄、性别、考试外语语种、成绩总分等均有着具体的限制条件。报考军校或国防生招生院校，须经过面试、体格检查、职业基本适应性检测和政治考核，全部合格的考生才能投档，由招生高校择优录取。

2017 年 5 月 26 日，国防部新闻局发布消息，从 2017 年起，国防生制度做出重大调整，不再进行从普通高中毕业生中招收国防生工作。将原来国防生的定向招录与全程培养，逐步调整为面向普通高等学校毕业生直接选拔招录。实行了十七年的国防生招生制度成为历史。

目前，军事院校招收普通高中毕业生制度仍在继续实行，且考生的报考积极性和整体生源的综合素质，清晰呈现大幅提高的喜人趋势。

自主招生

自主招生是国家深入探索特殊人才选拔规律，试点选拔具有学科特长和创新潜质的优秀学生的特殊类型招生制度。

自主招生概念的初始名称为自主选拔录取招生，2014 年 9 月 3 日，国务院《关于深化考试招生制度改革的实施意见》发布，正式使用自主招生概念。

2003 年 2 月 2 日，教育部办公厅印发《关于做好高等学校自主选拔录取改革试点工作的通知》，开始在部分“985 工程”和部属“211 工程”建设重点高校开展自主选拔录取改革试点工作。首批被确定为自主选拔录取改革试点的高校有北京大学、清华大学、中国人民大学、北京师范大学、中国政法大学、复旦大学、同济大学、上海交通大学、华东理工大学、华东师范大学、南京大学、东南大学、南京航空航天大学、南京理工大学、河海大学、中国药科大学、南京农业大学、浙江大学、中国科学技术大学、华中科技大学、中山大学、重庆大学，共计22所。

自主选拔录取招生的主要生源对象，可归纳为三类。

第一类是高中阶段学习成绩、思想品德、综合素质优秀或取得相关荣誉称号的考生；第二类是在一定领域具有学科特长，在相关比赛或竞赛中获得奖励的考生；第三类是高中阶段在科技创新、发明创造方面具有突出表现和超常能力，并获得奖励的考生。

自主选拔录取招生实行考生自荐或由中学、社会团体、专家个人推荐，试点高校考核的办法。对于试点高校考核合格的考生，录取时可以享受高校规定的降分优惠政策，通常情况的优惠降分为招生高校投档最低分数以下10—20分，考核成绩特别优秀考生的优惠降分，最低可到生源省份第一批录取本科院校录取最低控制分数线。

自主选拔录取招生人数控制在试点高校年度本科招生计划总数的5%以内。

自主选拔录取招生制度实行后，试点高校的参与积极性很高，试点高校数量不断扩大，2006年增加到53所，2008年增加到68所，2014年增加到90余所。试点高校为提高自主选拔录取学生质量，争夺优秀生源现象越来越严重，曾一度形成“北约”“华约”“卓越”“京都”等名校自主选拔录取招生联盟，摸底遴选优秀生源工作时间逐年提前，各联盟的考核规模逐年扩大，曾被社会称为“小高考”，不同程度地干扰和影响到中学的正常教学秩序。

2013年12月24日，教育部办公厅印发《关于进一步加强高校自主选拔录取改革试点管理工作的通知》，要求自主选拔录取改革试点高校加强考务管理和录取过程管理，强化信息公开和监督检查。严禁偏离试点定位进行恶性生源竞争，并对试点高校严格执行动态管理和准入退出机制，凡是自主选拔录取招生政策执行不严格、管理不规范、问题突出的，一律取消自主选拔录取招生试点资格，并追究学校及有关人员的责任。

2014年8月29日，习近平总书记主持召开中共中央政治局会议，审议通过了《关于深化考试招生制度改革的实施意见》。2014年9月3日，国务院以（国发［2014］35号）文号正式发布，其中对完善和规范自主招生政策，做出了党和国家层面的重要部署。2014年12月10日，教育部印发《关于进一步完善和规范高校自主招生试点工作的意见》，对自主招生政策进行重大调整，取消各类自主招生考试联盟，同时对自主招生相关工作提出了明确的规范性要求。

一、总体规划

特别强调选拔具有学科特长和创新潜质的优秀学生的自主招生试点定位。突出问题导向，着力解决试点高校自主招生中存在的“掐尖”“抢生源”“小高考”等影响中学教学秩序问题。明确要求自主招生试点必须尊重教育规律、维护公平公正、完善招生程序和严格控制规模，并决定从2015年起，自主招生的考核工作，安排在普通高等学校招生全国统一考试后进行。

二、确保考生的机会公平

考生向试点高校提出申请，考生所在中学（单位）或原毕业中学、社会团体、专家个人等均可实名提供推荐材料，但须对推荐材料的真实性负责。试点高校不得向中学分配推荐名额。试点高校要组织相关学科专家认真审核考生提交的申请和相关推荐材料，合理确定参加本校考核的考生名单。在保证生源质量的基础上，向中西部地区、农村地区的申请考生适当倾斜。

三、考核内容和形式

试点高校要结合本校相关学科、专业特色及培养要求，确定相应的考核内容，重点考查考生的学科特长、创新潜质。考核由试点高校单独组织，不得采用联考方式或组织专门培训。充分发挥学科专家的作用，探索完善科学、有效、简便、规范的考核方式。如笔试，考试科目原则上一门、不超过两门。对偏远、贫困地区考生，试点高校要积极探索选派专家到当地开展考核、实行网络远程视频面试考核等方式，为考生顺利参加考核提供便利和帮助。

四、规范录取程序和要求

试点高校要根据本校自主招生章程，由校招生工作领导小组集体研究确定入选资格考生、专业及优惠分值。各省级招生考试部门要严格审查考生投档资格。入选考生高考成绩总分录取要求，原则上不应低于考生所在省（区、市）有关高校同批次同科类录取最低控制分数线。对学科特长或创新潜质特别突出的个别优秀考生，经向社会公示后，可由试点高校提出破格录取申请，经生源所在省份的省级高等学校招生委员会核准后录取。

五、考核工作时间安排

2015年起，所有试点高校自主招生考核工作统一安排在高考结束后、高考成绩公布前进行。2月底前，试点高校发布年度自主招生章程；3月底前，考生完成报名申请；4月底前，试点高校完成考生材料审核，确定参加学校考核考生名单并进行公示；6月10日至22日，试点高校完成考核，确定入选资格考生名单、专业及优惠分值，并报教育部阳光高考平台公示。各省级招生考试部门公布高考成绩后，组织本省（自治区、直辖市）有关考生单独填报自主招生志愿，原则上在第一批录取本科院校开始录取前，完成自主招生录取工作，并对相关录取信息向社会进行公示。

六、加强信息公开公示

完善教育部、各省级招生考试部门、试点高校和中学四级信息公开公示制度。教育部高校招生“阳光工程”指定平台建立统一的自主招生信息管理系统，加强对报名、审核、公示等各个环节的监督管理。公示的考生信息应包括姓名、性别、所在中学（或单位）、享受照顾政策类型、资格条件、测试项目、测试成绩、合格标准、拟录取的高校和专业以及录取优惠分值等。

七、违规行为查处

试点高校不得发布未经教育部备案的自主招生章程或

进行虚假宣传；不得在高考前以任何形式组织与自主招生挂钩的考核工作；高校自主招生工作人员、专家评委不得参与社会机构组织的各类培训、辅导活动；不得以任何形式偏离试点定位，进行恶性生源竞争或向考生违规承诺录取；不得突破自主招生计划录取；不得在发放通知书或新生报到环节更改录取专业。省级招生考试部门不得为不符合要求的考生或违反规定程序办理录取手续。有关中学等不得出具与事实不符的考生推荐材料和证明材料，不得在考生综合素质档案中虚构事实或故意隐瞒事实。

2018 年 12 月 29 日，《教育部办公厅关于做好 2019 年高校自主招生工作的通知》发布，从自主招生政策、招生程序、加强监管等方面，提出了高校自主招生的“十严格”要求，进一步增强高校选才的科学性和公平性。

一、严格报名资格条件

高校要进一步完善自主招生章程，科学合理确定报名条件，强化对学生的学科特长和创新潜质要求，不得简单以论文、专利、中介机构举办的竞赛（活动）等作为报考条件和初审通过依据。对拟认可的赛事证书，要以权威性高、公信力强的学科竞赛为主，并组织相关专家对赛事的科学性、规范性进行认真评估。

二、严格制定录取标准

高校要根据学校办学定位和专业培养要求，在现有基础上进一步降低给予自主招生考生的优惠分值，确保生源质量。

三、严格控制招生规模

高校要在上一年录取人数基础上适度压缩招生名额，合理确定参加考核和具备入选资格的考生人数，提高人才选拔质量，宁缺毋滥。

四、严格确定招生专业

高校要根据学科特色，从选拔具有相关学科特长、创新潜质学生的角度出发，科学确定自主招生专业，原则上以基础学科和特色学科专业为主。

五、严格审核申请和推荐材料

高校要遵照“谁审核、谁负责”的原则，进一步健全考生材料审核机制，落实审核工作责任。成立专门自主招生审核专家组，明确审核规则和标准，采用多名专家“背靠背”分别独立审核、复核等方式，确保审核工作质量。要加大对考生申请材料和相关推荐材料的核查力度，通过专家鉴定、联系主办方核实等方式，对相关材料进行全覆盖核查。

六、严格组织高校考核

高校考核的笔试应安排在国家教育考试标准化考点进行，面试采取专家、考生“双随机”抽签的方式，过程全程录音录像。要在考核中增设体育科目测试，测试项目由高校根据中学教学实际自主确定，测试结果作为录取的重要参考。

七、严格执行公开公示

完善教育部、省级招生考试部门、高校和中学四级多次信息公开制度，向社会明确告知公示网站，做到翔实、准确、及时公示。在报名申请阶段，所有申请自主招生的考生名单、考生提交的成绩以及反映其综合素质的相关材料（竞赛获奖证书等）均须经中学审核并在学校网站和班级详尽公示，公示结果须有中学校长签字确认。在考核招生阶段，高校要及时准确公布参加考核的考生名单、入选资格考生名单、录取考生名单及相关信息。

八、严格开展新生复查

高校在对录取的新生进行入学资格复查时，要将省级招生考试部门提供的电子、纸质档案与自主招生考生的申请材料逐一进行比对，有需要的可组织学科专家开展复测。

九、严格落实主体责任

高校主要负责同志是维护自主招生考试安全和公平公正的第一责任人，分管负责同志是直接责任人。中学要对学生的综合素质档案及其他高中阶段德智体美劳发展情况材料的真实性负责，校长是直接责任人。各地教育行政部门要加强对中学学生综合素质评价档案建设方面的监管力度。

十、严格惩处造假行为

对查实提供虚假申请材料的考生，由高校依照相关规定取消其自主招生相应资格，并将有关情况通报考生所在地省级招生考试部门，由有关省级招生考试部门依照相关规定取消其高考相应资格，入学后发现的取消其学籍，毕业后发现的取消毕业证、学位证。

2020 年 1 月 15 日，《教育部关于在部分高校开展基础学科招生改革试点工作的意见》发布，教育部决定开展基础学科招生改革试点（也称“强基计划”改革试点），要求在确保公平公正的前提下，积极探索多维考核评价模式，逐步建立基础学科（数学、物理、化学、生物及历史、哲学、古文字学等）拔尖创新人才选拔培养的有效机制。同时明确指出，2020 年起，不再组织开展高校自主招生改革试点工作，原有高校自主招生方式不再使用。

自 2003 年开始实行的自主招生制度，历经十七年的试验探索，积累了丰富的招生改革经验，为全面建立中国特色的普通高校招生制度，做出了巨大贡献。

公费教育师范生招生

公费教育师范生招生是国家为激励更多优秀青年做终身教育工作者和培养造就大批优秀教师及教育家而设立的师范生特殊类型招生制度。

公费教育师范生招生概念的初始名称为免费教育师范生招生，始于 2007 年，2018 年改称公费教育师范生招生。

2007 年 5 月 9 日，《国务院办公厅转发教育部等部门关于教育部直属师范大学师范生免费教育实施办法（试行）的通知》发布，《教育部直属师范大学师范生免费教育实施办法（试行）》正式实施，从当年起，北京师范大学、华东师范大学、东北师范大学、华中师范大学、陕西师范大学、西南大学（由原西南师范大学与西南农业大学合并组建）六所教育部直属师范大学，即开始试行师范生免费教育及其招生制度。教育部直属师范大学师范生免费教育为国家级师范生免费教育。

报考免费教育师范生的考生必须参加当年普通高等学校招生全国统一考试，免费教育师范生招生全部安排在提前批录取本科进行。

免费教育师范生在校学习期间免除学费、免缴住宿费，并补助生活费，所需经费由中央财政负责安排。

免费教育师范生入学前须与培养高校和生源所在地省级教育行政部门签订《师范生免费教育协议》，承诺毕业后从事中小学教育工作10年以上。到城镇学校工作的免费教育师范毕业生，应先到农村义务教育学校任教服务2年。在协议规定的服务期内，可在学校间流动或从事教育管理工作。同时国家为免费教育师范毕业生，在职攻读教育硕士专业学位或与教学相关的学术性硕士学位提供便利条件。鼓励免费教育师范毕业生长期从教、终身从教。

教育部六所直属师范大学的免费教育师范毕业生，一般要求回生源所在省份中小学任教，相关省级人民政府要统筹规划，做好接受免费教育师范毕业生工作，确保每一位到中小学校任教的免费教育师范毕业生有编有岗。相关省级教育行政部门负责组织用人学校与免费教育师范毕业生，在需求岗位范围内进行双向选择，为每一位免费教育师范毕业生安排落实任教学校。

免费教育师范毕业生未履行《师范生免费教育协议》，未从事中小学教育工作的，要按规定退还已享受的免费教育费用并缴纳违约金。省级教育行政部门负责国家级免费教育师范生的履约管理，并建立免费教育师范生的诚信档案。

2012年1月7日，《国务院办公厅转发教育部等部门关于完善和推进师范生免费教育意见的通知》发布，由教育部、财政部、人力资源和社会保障部、中央机构编制委员办公室联合印发的《关于完善和推进师范生免费教育意见》正式实施，对师范生免费教育政策进行了进一步的完善和调整。

第一，要求健全免费教育师范生录取和退出机制。

第二，增加教育部直属师范大学免费教育师范生自主招生人数，做出自主招生人数不超过年度免费教育师范生招生计划10%的政策规定。

第三，要求根据经济发展水平和财力状况，建立免费教育师范生生活补助标准动态调整和优秀免费教育师范生享受其他非义务性奖学金机制。

第四，决定逐步在全国各省（自治区、直辖市）推广师范生免费教育，鼓励支持各省（自治区、直辖市）结合本地实际，选择部分省属师范院校实行师范生免费教育与招生制度，为农村中小学和幼儿园培养大批下得去、留得住、干得好的骨干教师。

从2012年开始，部分省属师范大学加入师范生免费教育与招生试点行列，开始面向本省区域进行免费教育师范生招生工作。省属师范大学师范生免费教育为省级师范生免费教育。

2018年7月30日，《国务院办公厅关于转发教育部等部门教育部直属师范大学师范生公费教育实施办法的通知》发布，《教育部直属师范大学师范生公费教育实施办法》正式实施。

《教育部直属师范大学师范生公费教育实施办法》是在《教育部直属师范大学师范生免费教育实施办法（试行）》和《关于完善和推进师范生免费教育意见》的基础上，对相关政策内容进行再次调整和完善后形成的。主要调整和完善的政策内容，共有以下五个部分。

一、建立师范生公费教育制度

将“师范生免费教育政策”调整为“师范生公费教育政策”，国家公费教育师范生继续享受免除学费、免缴住宿费和补助生活费的“两免一补”公费培养，以及毕业后安排就业等政策。增加了保证入编入岗，增强学生就读师范专业与毕业后从事教师职业自豪感的政策内容。

二、要求进一步完善师范生公费教育制度

加强公费教育师范生师德教育，探索优秀教师培养的新型模式，着力培养大批有理想信念、有道德情操、有扎实学识、有仁爱之心的“四有”人民教师，形成尊师重教的浓厚氛围，让教师成为令人羡慕的崇高职业。

三、调整履约任教年限

将公费教育师范生履约任教服务年限，由免费教育师范毕业生的10年以上调整为6年以上，到城镇学校工作的公费教育师范毕业生，应先到农村义务教育学校任教服务的年限，由免费教育师范毕业生的2年调整为1年。以此为公费教育师范毕业生营造更大的发展空间。

四、改进履约管理政策

制定出台在校期间非公费教育师范生进入和公费教育师范生退出的具体办法，以及公费教育师范生进行二次专业选择的具体规定。同时对于相关政策执行过程中出现的新问题，特别是公费教育师范生因特殊原因跨省就业、工作调动、协议中止或终止、违约处理等方面均做了政策调整和相关补充规定。

五、加大政策保障力度

通过改进招生选拔方式、完善学习激励机制、整合集中优质培养资源、加大政府或社会出资奖励力度等措施，吸引优秀考生报考公费教育师范生，提升公费教育师范生的招生与培养质量。

免费医学定向招生

免费医学定向招生的概念全称为农村订单定向免费培养医学生招生，是国家为全面加强农村基层医疗卫生队伍建设，增强农村基层医疗卫生机构服务能力而设立的医学生特殊类型招生制度。

2010 年 6 月 2 日国家发展和改革委员会、卫生部、教育部、财政部、人力资源和社会保障部联合印发《关于开展农村订单定向医学生免费培养工作的实施意见》，制定出台了免费医学定向生招生、培养与就业政策，并进行了相关工作的安排部署。

一、招生录取

从 2010 年起，连续三年在普通高等医学院校开展免费医学生的招生与培养工作，重点为乡镇卫生院及以下医疗卫生机构培养从事全科医疗的医学人才。免费医学定向生计划为定向就业招生计划，纳入普通高等学校年度招生规模。免费医学定向生主要招收农村生源，优先录取定岗单位所在县生源，实行单列志愿、单独划线的招生录取办法。报考医学定向生的考生必须参加普通高等学校招生全国统一考试。

二、培养经费

免费医学定向生在校学习期间免除学费，免缴住宿费，并补助生活费。上述费用由中央财政按照相关规定标准予以支持。

三、培养模式

免费医学定向生的培养模式，分五年制本科和三年制专科两种，以五年制本科为主，三年制专科主要面向乡镇卫生院以下的医疗卫生岗位。培养专业主要为临床医学和中医学专业，培养工作主要由举办医学教育的地方普通高等医学院校承担。教学组织可采取举办农村班形式，也可采取将其纳入普通班的形式。免费医学定向生按照全科发展方向培养，承担培养任务的普通高等医学院校，要根据农村医疗卫生工作需要，制订教学计划，加强全科医学教育，强化实践教学环节，突出临床能力培养，适当增加中医学（民族医学）教学时数和计划生育技术相关内容。免费医学定向生经过 5 年或 3 年的学习，按照规定获得相应的学历、学位。

四、就业履约管理

免费医学定向生在获取入学通知书前，必须与培养高校和当地县级卫生行政部门签署《免费医学生定向就业协议》，承诺毕业后到相关基层医疗卫生机构服务 6 年。免费医学定向生在学期间，户籍仍保留在原户籍所在地。免费医学定向生毕业后，应按照签署的定向就业协议，到对应的县级卫生行政部门报到，由基层医疗卫生机构按照有关规定与之签订聘用合同，办理相关手续，实行合同管理。免费医学定向生在协议规定的服务期内，可在本省（自治区、直辖市）农村基层卫生机构之间流动。省级卫生行政部门负责履约管理，免费医学定向生毕业后，未按协议到基层医疗卫生机构工作的，要按照规定退还已享受的减免教育费用并缴纳违约金，同时将违约事实记入个人诚信档案。

五、规范化培训

免费医学定向生毕业后，按照有关规定参加全科医生规范化培训等培训，并完成执业医师或执业助理医师资格考试。

2015 年 5 月 19 日，教育部、国家发展和改革委员会、国家卫生和计划生育委员会、财政部、人力资源和社会保障部、国家中医药管理局联合印发《关于进一步做好农村订单定向医学生免费培养工作的意见》，做出免费医学定向生招生政策继续实施的决定，并对招生录取、就业履约管理、规范化培训以及职业发展等政策进行了补充完善。

一、招生录取

免费医学定向生招生工作向集中连片特殊困难地区、国家扶贫开发重点工作县倾斜。除继续实行单列志愿、单独划线的录取办法外，增加单设批次，本科计划在本科提前批次录取，高职计划在高职提前批次录取的要求。同时增加本人及父亲或母亲或法定监护人户籍须在农村，本人具有当地连续三年以上户籍的报考限制条件。在定岗单位所在县生源不足时，未完成的计划可在院校所在录取批次普通计划补征志愿时，进行公布并补征志愿，再按照补征的考生志愿及录取要求，从高分到低分顺序录取，直至完成招生计划。

二、规范化培训

免费本科医学定向毕业生报到就业后，须按照规定参加 3 年全科专业住院医师规范化培训，免费专科医学定向毕业生报到就业后，须按规定参加 2 年助理全科医生培训。经招收录取纳入住院医师规范化培训或助理全科医生培训，并取得《住院医师规范化培训合格证书》或《助理全科医生培训合格证书》者，3 年住院医师规范化培训时间或 2 年助理全科医生培训时间计入 6 年服务期内。取得《住院医师规范化培训合格证书》，并达到学位授予标准的临床医师，可以研究生毕业同等学力申请并被授予临床医学或中医硕士专业学位。免费医学定向毕业生按照规定参加医师资格考试，考试合格者按照相关规定注册为全科医师或全科助理医师。

三、就业履约管理

免费医学定向毕业生在协议规定的服务期内，经县级卫生行政部门批准，可在县域行政范围内的农村基层医疗卫生机构之间流动。不能毕业的免费医学定向生，要按照规定退还已享受的减免教育费用和生活补助；延期毕业的，延续学年内的相关培养费用由学生本人承担。毕业或参加住院医师规范化培训、助理全科医生培训后，未按协议到农村基层医疗卫生机构工作的免费医学定向生，要按照规定退还已享受的减免教育费用并缴纳违约金，同时公布违约记录，并记入个人人事档案。

四、职业发展

在农村基层医疗卫生机构工作的免费医学定向毕业生，注册全科医师后可提前一年晋升中级职称。职称晋升按照国家有关规定可放宽外语要求，不对论文做硬性规定，把接诊量、服务质量、群众满意度等作为免费医学定向毕业生职称晋升的重要因素。对按照协议到农村基层医疗卫生机构工作的免费医学定向毕业生，主管部门及其所在的基层医疗卫生机构，要按照国家政策落实有关工资待遇，提供必要的工作生活条件和周转住房。取得《住院医师规范化培训合格证书》的免费医学定向毕业生，优先纳入全科医生特岗计划。在开展或参加各类业务培训时，要优先安排免费医学定向毕业生，鼓励其不断提高业务能力。对服务满6年，愿意继续留在基层医疗卫生机构工作的免费医学定向毕业生，所在单位要在绩效工资分配上予以适当倾斜；在城市公立医院和社区卫生服务中心公开招聘时，同等条件下优先聘用。

专项生招生

专项生招生的概念全称为面向贫困地区专项计划定向招生，是国家针对贫困地区考生而专门设立的定向生源范围的特殊类型招生制度。

2012年3月19日，教育部、国家发展和改革委员会、财政部、人力资源和社会保障部、国务院扶贫开发领导小组办公室联合印发《关于实施面向贫困地区定向招生专项计划的通知》，决定从2012年起，专门编列面向贫困地区定向招生专项计划，组织实施面向贫困地区生源的专项生招生工作。

国家针对贫困地区考生的专项生招生制度，具有下列三点重要现实意义。

一是贯彻落实党中央、国务院关于新阶段扶贫宏观战略部署，提高贫困地区学生第一批录取本科院校的录取率，增加贫困地区学生接受优质高等教育机会，促进教育公平。

二是正确引导贫困地区基础教育健康发展，提高教育水平。

三是支持贫困地区高层次人才培养，引导和鼓励学生毕业后回到贫困地区，通过多渠道、多形式就业创业和服务，为贫困地区发展提供人才和智力支撑，增强贫困地区经济社会自我发展能力。

一、专项计划的编列要求

专项计划分为国家专项、地方专项和高校专项三种计划形式。专项计划在全国年度招生计划中编列，纳入普通高等学校年度招生规模，计划安排以第一批录取本科院校招生计划为主。不同类型专项计划招生及培养任务的承担高校分别为：国家专项为中央部门普通高等学校，地方专项为地方普通高等学校，高校专项为具备自主招生资格的相关普通高等学校。专项计划要根据贫困地区，特别是农村经济社会发展需要，以农林、水利、地矿、机械、师范、医学以及其他适农涉农等贫困地区急需专业为主。

二、专项计划招生的生源范围

国家专项计划招生的生源范围为国家级贫困县，地方专项计划招生的生源范围为省级贫困县，高校专项计划招生的生源范围为国家级贫困县和省级贫困县。同时专项计划招生，对考生户籍、学籍、监护人户籍以及考生在当地高中的实际就读情况等均有明确要求。

三、专项生的招生录取

报考专项生的考生须参加当年普通高等学校招生全国统一考试。国家专项计划和地方专项计划实行单报志愿、单设批次、单独划线的招生录取办法，录取分数原则上不低于招生高校所在批次录取最低控制分数线。批次内生源不足时，省级招生考试部门可综合平衡本省贫困地区生源分布情况，确定补征志愿的考生条件及录取办法。有关专项生招生高校按照考生补征志愿，从高分到低分顺序录取。高校专项计划的招生录取，按照自主招生办法进行。

四、专项生的其他相关政策

专项生在校学习期间，与其他学生同等享受奖助学金政策，对毕业后到贫困地区就业创业和服务的专项生，按照有关规定享受学费补偿和国家助学贷款代偿等优惠政策。

综合评价招生

综合评价招生是针对综合素质全面、品学兼优、身心健康的优秀考生而设立的特殊类型招生制度。

综合评价招生制度设计的目的，是尝试突破唯高考分数进行新生录取的招生模式，探索建立学业水平考试、综合素质评价和高考三位一体的多元化招生评价体系。综合评价招生采用综合考量考生的高考成绩、高校考核结论、高中学业水平考试成绩、综合素质评价以及高校培养特色要求等五个维度内容的方法，对高考成绩达到相关要求的入选考生，进行综合评价，并以综合评价的综合分为依据，择优录取。

综合评价的综合分，通常由高考成绩、招生高校考核（综合素质评价、综合能力测试）成绩、高中学业水平考试成绩，按照招生高校当年《综合评价招生章程》规定的比例，折合后相加而成。目前浙江省的综合评价招生，大多数招生高校综合分的计算公式是“综合分=高考成绩×50%+招生高校考核成绩×30%+高中学业水平考试成绩×20%”。

综合评价招生的最大特点，是在招生录取中相对弱化了高考成绩的绝对效力，更加注重了考生综合素质以及高中学业水平考试成绩的选拔权重，打破了一考定录取的高校招生局面，应为我国普通高等学校招生制度改革的又一重大举措。

综合评价招生在高考成绩公布后进行，考生志愿填报以及相关录取程序等情况与自主招生类似。

并轨改革

单就普通高等学校招生来讲，并轨改革就是不再区分国家指令性计划和调节性计划，对于同科类同录取批次招生院校的新生录取，不再实行不同分数标准，而是按照国家核定的招生计划总数，实行统一分数标准进行录取，以此将招生计划和招生政策的双轨体制变为单轨体制。除此以外，并轨改革的核心内涵，还包括上学缴费与毕业生就业制度改革等内容。

关于我国高等教育的“两包”体制。从普通高等学校招生制度恢复到20世纪80年代初期，以及中华人民共和国成立后的十七年期间，在国家高度集中的计划经济体制下，我国的高等教育实行的是从招生到培养，再到毕业后的工作分配，完全由国家包下来的“两包”体制。应该说，在当时的情况下，这样的做法对于集中物力和财力，以保证国家重点建设所需人才的培养，起到了重要的保障支撑作用。随着国家经济的快速发展，特别是党的十一届三中全会以后，各行各业对人才的需求数量日趋增大，高等教育毕业生“供小于需”的矛盾逐渐严重。因此当时的“两包”体制受到了直接挑战，要求招生制度改革的呼声愈来愈高。

关于我国高等教育的双轨体制。1984年作为教育体制改革的一个重要步骤，国家招生计划增加了调节性计划部分，试行委托培养和自费生招生制度。开始了普通高等学校招生国家指令性计划和调节性计划并行的双轨体制时代，不同性质招生计划的新生录取实行不同的分数控制标准，上学实行不同的收费标准，毕业生实行不同的就业政策。国家指令性计划招生，实行指令性计划的分数控制标准，招收的学生由国家包培养经费和包工作分配；调节性计划招生，实行调节性计划的分数控制标准，招收的学生由委托培养单位或学生个人承担培养经费，毕业后按照培养合同就业或由学校推荐就业或自谋职业。

我国普通高等学校招生的双轨体制，是在特定的历史条件下产生的。在当时对于挖掘普通高等学校的办学潜力，多渠道筹措教育经费，调整高等教育结构，引进竞争机制，增强学生学习积极性，满足国家经济建设和社会发展对人才培养的需求，缓解高等教育毕业生的供需矛盾，促进高等教育发展和办学效益提高等方面均起到了积极作用。

关于我国高等教育的并轨改革。1992 年以后，国家经济体制改革取得了重大突破，确定并建立了社会主义市场经济体制。普通高等学校招生的调节性计划在总计划中所占的比例也愈来愈高，1992 年接近 40%，1993 年接近 50%，调节性招生计划的急剧增加，造成两种招生计划的不同录取分数标准之间的差距也越来越大，给普通高等学校的招生、教学和管理带来了很大困难，严重影响到高等教育质量，各种招生矛盾也日益突出，高等教育的双轨体制越来越不适应高等教育和社会发展的要求。

1994 年 4 月 7 日，国家教育委员会印发《关于进一步改革普通高等学校招生和毕业生就业制度的试点意见》，提出从招生开始，通过建立收费制度，改变学生上学由国家包下来，毕业后工作分配也由国家包下来的做法。同时建立和完善相应的奖学金、贷学金制度，鼓励学生努力学习，引导学生毕业后参与劳动力市场竞争，国家不再以行政手段进行就业分配，而是以方针政策指导，以奖学金制度和社会就业需求信息引导毕业生自主择业。逐步建立起“学生上学自己缴纳部分培养费用、毕业生多数人自主择业”的机制。对于普通高等学校招生，要提前明确公布分学校、分专业收费标准和奖学金、贷学金的设置情况，供考生志愿选报时参考。录取时，对同科类同录取批次的招生高校，实行统一的分数控制标准。

同年的7月3日，《国务院关于〈中国教育改革和发展纲要〉的实施意见》发布，明确提出普通高等学校招生不再区分两种计划形式，取消统招统分的“两包”政策。积极推进高等学校和中等专业学校、技工学校的招生收费改革和毕业生就业制度改革，逐步实行学生缴费上学，大多数毕业生自主择业的制度。

根据《国务院关于〈中国教育改革和发展纲要〉的实施意见》的部署和要求，1994年国家教育委员会即行开始普通高等学校招生并轨改革试点。当年全国共有37所并轨改革试点高校，试点高校招收的大学新生约占全国招生总数的10%。

1995年3月28日，国家教育委员会印发《关于一九九五年深入进行普通高等学校招生和毕业生就业制度改革的意见》，明确提出普通高等学校招生并轨改革时间表，1997年全国大多数高校招生应按并轨改革后的新体制运行，2000年基本实现新旧体制转轨。

1996年2月28日，国家教育委员会在《关于一九九六年普通高等学校招生工作的通知》中，再次强调要求

“大力推进普通高等学校招生并轨”。当年实现招生并轨的高校即达到500余所，接近全国普通高等学校总数的一半。

2000年全国普通高等学校招生并轨改革圆满完成。由国家统招统分的普通高等学校招生与毕业分配制度成为历史。

远程网上录取改革

普通高等学校招生远程网上录取，是指利用计算机现代网络技术，由生源省招生考试部门根据投档规则，将符合投档要求考生的电子化档案信息（包括报名信息、成绩信息、体检信息、政治审核信息、志愿填报信息以及教育部规定要求的其他信息），通过专门的招生录取网络系统，传送给招生院校，招生院校根据本校当年《招生章程》公布的录取规则和国家招生政策，进行择优录取，并将录取结果回传生源省招生考试部门，经审核同意后，新生录取工作即予完成的全过程。

远程网上录取办法实行以前，普通高等学校招生一直实行现场录取办法。招生院校须在规定的时间，派出专门的招生工作人员，赴生源省安排的招生录取工作现场，领取报考本校志愿，又符合投档要求的考生纸介质档案，通过人工阅档、退档复核、录取检查、填写录取新生花名册等烦琐的人工程序，方能完成新生录取工作。生源省的招生考试部门和招生院校均需投入大量的人力、物力和财力进行招生录取工作保障，工作管理难度很大。远程网上录取办法实现了招生录取工作手段的现代化，节省了大量的招生录取工作经费，同时排除了人为因素对招生录取工作的影响和干扰，为招生录取公平公正原则的全面贯彻，提供了坚强的技术支持和程序保障。

我国普通高等学校招生远程网上录取办法改革，是1996年在广西壮族自治区开始试验实行的，1999年改革试验取得圆满成功。2000年教育部在全国推广实行，至2003年，我国普通高等学校招生全部实行远程网上录取办法。

平行院校志愿设置模式改革

普通高等学校招生的平行院校志愿模式，是对院校志愿模式的伟大创新与改革。

一、顺序院校志愿模式

在21世纪初期及以前，我国普通高等学校招生一直实行的是顺序院校志愿模式。顺序院校志愿模式是在同一个投档录取单元，设置若干个有序志愿院校的模式。其表述方式为：第一志愿院校、第二志愿院校、第三志愿院校……志愿院校之间以先后顺序为区分标准，自然形成层级关系。招生录取工作依照志愿院校的层级关系，分轮次投档进行。顺序院校志愿的生源特点是“生源独具，互不交叉”，其投档规则的本质特征是“志愿优先，遵循分数”。

顺序院校志愿的投档程序：

（一）第一轮次投档。第一轮次投档时，分别以第一志愿院校为投档单位，依据分数将符合投档条件的考生排序，再按照招生计划数和投档比例，从高分到低分进行投档工作。

（二）后序轮次投档。后序轮次投档与第一轮次投档办法相同。若考生第一志愿院校未能投档或投档后被志愿院校合理退档，则需等待第二轮次（第二志愿院校）投档。第二轮次投档可能会出现两种情况：其一，若考生的第二志愿院校在第一轮次（第一志愿院校）投档后，仍有计划缺额，考生分数又能满足第二志愿院校的投档条件，则可予投档；其二，若考生的第二志愿院校，在第一轮次投档后已经满额，根据顺序院校志愿的层级关系和投档规则，即使考生的分数达到或高于第二志愿院校第一轮次的投档分数，也不能再向其第二志愿院校投档。考生只能等待第三轮次（第三志愿院校）投档，以此类推。

通常情况下，对于顺序院校志愿设置模式，如果考生第一志愿院校未能投档或投档后被志愿院校合理退档，后序志愿院校的投档可能性将会大幅度降低。同时还存在即使能够被投档，其能够录取的专业，也只能是前面轮次投档考生录取专业后的计划剩余专业，其专业满意度肯定也会大幅度降低。因此，对于顺序院校志愿设置模式，特别强调第一志愿院校的重要性，考生院校志愿的有效程度很难控制，志愿选报的难度和风险程度很高。其设置模式的公平性和公正性存在较大缺陷。

二、平行院校志愿模式

为科学解决顺序院校志愿设置模式，给考生志愿选报带来的高难度、高风险度以及公平公正性缺陷等问题，2003 年湖南省进行“并列院校志愿”设置模式改革试验，当时的试验设计还只能是平行院校志愿模式的雏形，2005

年和 2007 年，江苏、浙江两省分别加入试验行列。期间，教育部组织专门的科研队伍，在认真总结三省试验情况的基础上，进行科研攻关，形成文史与理工科类普通录取批次平行院校志愿设置模式实施方案，并于 2008 年在湖南、江苏、浙江、辽宁、安徽、上海六个省市进行试验，取得了考生志愿选报难度和风险程度有效降低，以及基本解决顺序院校志愿模式公平公正性缺陷问题的明显效果。2009 年试点扩大到福建、贵州、海南、河北、吉林、江西、四川、云南、广西、宁夏等十个省份，至 2015 年，平行院校志愿设置模式在全国推广实行。

平行院校志愿模式是在同一个投档录取单元，设置若干个“平行意义”志愿院校的模式。其表述方式为：A 志愿院校、B 志愿院校、C 志愿院校……平行院校志愿概念中的“平行”，对于招生院校是绝对平行意义，对于考生个人是相对平行意义。平行院校志愿的生源特点是“生源交叉，隐性共有”，其投档规则的本质特征是：“分数优先，遵循志愿”。

平行院校志愿的投档程序：

（一）确定考生投档顺序。分科类将“自由状态”的合格考生，按规定的排序原则，进行“一条龙”式排序，以确定考生的投档顺序。

（二）模拟投档。根据平行院校志愿投档规则，正式投档前，需先向招生院校进行模拟投档，模拟投档的主要目的是给招生院校通报生源情况和相关数据信息，以便招生院校决策调增招生计划、确定调档比例和自主招生投档分数线等，为正式投档做好准备工作。

（三）正式投档。遵照已确定的考生投档顺序，依序逐生进行投档，对确定的考生投档时，根据该考生填报的平行志愿院校顺序，依序进行检索判断，当检索到该考生的某个志愿院校有计划缺额时，即将该考生档案投到该志愿院校。如果考生所填报的平行志愿院校经检索已均无计划缺额，则该考生档案不能投出，继续保持“自由状态”，等待参加本投档单元招生计划未完成院校志愿征报，或下一投档单元志愿院校投档。平行院校志愿实行同一投档单元一次性正式投档办法。

平行院校志愿设置模式，对招生院校退档有着明确的限制性规定：除不符合招生院校当年《招生章程》的相关要求、身体条件原因或考生所填报的志愿专业依录取规则不能满足，考生又不服从专业调配以外，招生院校不能退档。

根据平行院校志愿投档规则，在考生所填报的多个平行志愿院校中，只要有一个志愿院校有计划缺额，则该考生档案就肯定能够投出。对于平行院校志愿设置模式，考生所填报的多个志愿院校具有相对意义的平行特征，考生院校志愿的有效程度明显提高，志愿院校选报难度和风险程度大幅度降低，其设置模式的公平性和公正性得到了充分体现。因此，平行院校志愿设置模式改革，在我国普通高等学校招生史上是划时代的。

文史和理工科类平行院校志愿设置模式的实行范围，通常为普通录取批次。对于生源条件有着特殊规定与要求的相关院校，不适合实行平行院校志愿设置模式，比如在投档录取前需对考生进行面试、体格检查、政治审查以及其他测试的军队、公安等特殊院校以及高水平运动队、高水平艺术团、自主招生等特殊类型招生，仍需实行顺序院校志愿设置模式。

文史与理工科类普通录取批次平行院校志愿设置模式全面实行后，江苏、浙江、天津、辽宁、福建、江西、四川等省市，相继进行了艺术与体育科类平行院校志愿设置模式改革。由于艺术与体育科类录取涉及文化统考、专业统考、专业校考等不同分数的特殊性，其平行院校志愿模式的设置，要相对复杂一些。现行的艺术与体育科类平行院校志愿设置模式，通常只针对体育科类院校和不进行专业校考的艺术类院校。其基本做法是由省级招生考试部门，根据本省份的实际情况，首先确定本省份艺术与体育科类投档的综合分计算规则，其综合分计算规则中只涉及文化统考和专业统考两个分数，以综合分作为考生选报志愿院校和投档的分数依据。对于进行专业校考的艺术类院校（专业），仍然实行顺序院校志愿设置模式。

三、平行专业志愿模式

2014年9月3日，《国务院关于深化考试招生制度改革的实施意见》发布，我国开始新一轮层级最高、最为全面和系统的招生制度改革。首批担当改革重任的上海市和浙江省，推出了文史与理工科类的平行专业志愿设置模式。对于平行专业志愿，上海市的设置模式为院校专业组平行志愿，每个院校专业组可填报4个专业志愿（含5个类别的专业服从志愿），每个投档单元，设置24个院校专业组平行志愿。浙江省以一所院校的一个专业（类）为一个志愿单位，每个投档单元，设置80个平行专业（类）志愿。考生的志愿选报，需根据自己的选考科目和拟选报院校志愿专业对选考科目的要求情况进行。

规范调整加分政策

普通高等学校招生的相关加分政策，主要是为了弥补招生制度的某些不足而制定的。

1950年，对于普通高等学校招生，教育部就曾有“参加工作3年以上的革命干部和革命军人、兄弟民族学生以及华侨学生，得从宽录取”的政策规定。1956年，高等教育部学生管理司印发《全国高等学校1956年暑期招生录取、分配办法》，进一步明确了“从宽录取”的分数控制幅度，规定“在与一般考生成绩相同或相近（指总分低20分左右）时，就应该优先录取”。

1978年，开始对三好学生、学科竞赛获奖者、体育特长生等类型考生试行高考招生的加分优惠政策。

1983年，开始对获得地区级（含）以上表彰的应届高中毕业生中的三好学生和优秀干部，以及高中阶段参加地区级（含）以上体育竞赛，获得单项前5名的队员，或集体项目前3名的主力队员，高考分数达到规定分数线的考生，实行可上提一个分数段投档的优惠政策。

1986年，开始对获得国家二级运动员称号的考生，实行可降低20分投档的优惠政策。

1987年4月27日，国家教育委员会印发《普通高等学校招生暂行条例》，其中对考生可以享受加分优惠政策的项目和分值进行了明确规定。

后续年间对于加分项目和分值多有调整，并逐步形成鼓励性加分项目和扶持性加分项目两个大类。

鼓励性加分项目有：应届高中毕业生获得省级优秀学生称号者；高中阶段思想政治品德方面有突出事迹者；高中阶段获得全国青少年科技创新大赛（含全国青少年生物和环境科学实践活动）或"明天小小科学家"奖励活动或全国中小学电脑制作活动一、二等奖者；高中阶段在国际科学与工程大奖赛或国际环境科研项目奥林匹克竞赛中获奖者；高中阶段参加重大国际体育比赛或全国性体育比赛取得前6名者；高中阶段获得国家二级运动员（含）以上称号者等。

扶持性加分项目有：边疆、山区、牧区、少数民族聚居地区的少数民族考生；归侨、华侨子女、归侨子女和台湾省籍考生；烈士子女；自主就业的退伍士兵；服役期间荣立二等功（含）以上或被大军区（含）以上单位授予荣誉称号的退役军人等。

除上述国家规定的加分项目以外，不少省份还根据本地情况，相应设立了一些地方性加分项目。

鼓励性加分项目和扶持性加分项目的加分分值均不得超过20分，同一考生若符合多项加分条件，只能取其中加分分值最高一项进行加分，不能累计加分。

2010年11月14日，教育部、国家民族事务委员会、公安部、国家体育总局、中国科学技术协会联合印发《关于规范和调整高考加分项目和进一步加强管理工作的通知》，要求“统一思想，认真做好清理和规范高考加分项目工作”，并明确指出：“高考加分政策在落实党的教育方针、促进学生全面而有个性地发展、为高校选拔人才提供多元化评价信息等方面发挥了重要作用。但是，近年来部分高考加分项目在执行中出现一些问题，特别是为获取加分的资格或身份而弄虚作假、违法乱纪等现象时有发生，严重损害了教育的公平公正，社会反映强烈。各省级高等学校招生委员会要高度重视，协调教育及民族、公安、体育、科协等部门，切实做好调整和规范高考加分项目工作，确保本地区高考加分项目的制定和实施，全面体现党的教育方针、体现国家有关法规、体现公平公正的要求，更好地发挥高考加分项目的积极导向作用。”同时对两类加分项目做出重要调整。

一、中学生学科奥林匹克竞赛和部分科技类竞赛高考加分项目

在高级中等教育阶段，参加由中国科学技术协会主办的全国中学生（数学、物理、化学、生物学、信息学）奥林匹克竞赛，获得全国决赛一、二、三等奖的学生，应届毕业生当年由生源所在地省级高等学校招生委员会，决定是否在其高考成绩基础上增加不超过 20 分向高校投档，不再具备高校招生保送资格；获得全国中学生奥林匹克竞赛省赛区一等奖的学生，不再具备高校招生保送资格和高考加分资格。有关获奖学生拟参加试点高校自主选拔录取考

核的，在同等情况下高校应优先考虑给予参加考核资格。

在高级中等教育阶段，参加由中国科学技术协会、教育部等部门主办的全国青少年科技创新大赛（含全国青少年生物和环境科学实践活动）、“明天小小科学家”奖励活动、中小学电脑制作活动获得一二等奖，或参加国际科学与工程大奖赛、国际环境科研项目奥林匹克竞赛获奖的学生，应届毕业生当年由生源所在地省级高等学校招生委员会决定是否在其高考成绩基础上增加不超过20分向高校投档，不再具备高校招生保送资格。有关获奖学生拟参加试点高校自主选拔录取考核的，在同等情况下高校应优先考虑给予参加考核资格。

在高级中等教育阶段，获得全国中学生奥林匹克竞赛决赛一等奖，并被中国科学技术协会遴选为参加国际（数学、物理、化学、生物学、信息学）奥林匹克竞赛国家队集训的学生，应届毕业当年保留高校招生保送资格。

二、体育特长生高考加分项目

在高级中等教育阶段，参加重大国际体育比赛集体或个人项目取得前6名；全国性体育比赛个人项目取得前6名；获国家二级运动员（含）以上称号并参加省级招生考试部门组织的统一测试达到相应标准的学生应届毕业当年由生源所在地省级高等学校招生委员会，决定是否在其高考成绩基础上增加不超过20分向高校投档。

对于仍然保留体育特长生高考加分项目的省（自治区、直辖市），省级招生考试部门组织的加分测试项目，限定在中学普及程度高、锻炼效果好的田径、篮球、足球、排球、乒乓球、武术、游泳、羽毛球等8类运动项目。各有关省级高等学校招生委员会还可根据本地中学生体育活动开展情况，在上述运动项目之外增加一般不超过2个强身健体项目，报教育部备案同意后向社会公布。

上述调整政策从2011年秋季进入高中阶段一年级的学生开始适用。2010年（含）以前已进入高中阶段学习的学生，仍可适用调整前的相关政策。

2014年12月10日，教育部、国家民族事务委员会、公安部、国家体育总局、中国科学技术协会联合印发《关于进一步减少和规范高考加分项目和分值的意见》，再次对高考加分项目和分值进行减少和规范，明确要求："减少和规范高考加分工作要全面贯彻党的教育方针，促进素质教育实施，科学合理地体现考生的相关特长、突出事迹、优秀表现等，引导每一个学生全面而有个性地发展，纠正少数人片面追求高考加分的倾向。要突出问题导向，着力解决当前群众反映最强烈、矛盾最集中的体育、艺术等特长加分和地方性加分问题。"同时对减少和规范高考加分项目提出了以下四条具体意见。

一、取消部分全国性加分项目

2015年1月1日起，取消以下高考加分项目，此后获得相关奖项、名次、称号的考生均不再具备高考加分资格。考生的相关特长、突出事迹、优秀表现等情况记入学生综合素质档案，供高校录取时参考。

（一）取消体育特长加分项目。在高级中等教育阶段获得“重大国际体育比赛集体或个人项目前6名、全国性体育比赛个人项目前6名”以及“国家二级运动员（含）以上称号”的考生，均不再具备高考加分资格。相关考生可选择报考高校高水平运动队招生，或运动训练、武术与民族传统体育专业单独考试招生，或其他体育学类专业招生。

（二）取消中学生学科奥林匹克竞赛加分项目。在高级中等教育阶段获得全国中学生（数学、物理、化学、生物学、信息学）奥林匹克竞赛决赛一、二、三等奖的考生，不再具备高考加分资格。考生的相关学科特长可作为自主招生试点高校优先给予初审通过的条件。

（三）取消科技类竞赛加分项目。在高级中等教育阶段获得全国青少年科技创新大赛（含全国青少年生物和环境科学实践活动）、“明天小小科学家”奖励活动、全国中小学电脑制作活动一二等奖、国际科学与工程大奖赛或国际环境科研项目奥林匹克竞赛奖项的考生，不再具备高考加分资格。考生的相关科研特长和创新潜质可作为自主招生试点高校优先给予初审通过的条件。

（四）取消省级优秀学生加分项目。在高级中等教育阶段获得省级优秀学生称号的考生，不再具备高考加分资格。

（五）取消思想政治品德有突出事迹加分项目。在高级中等教育阶段被认定为思想政治品德方面有突出事迹的考生，不再具备高考加分资格。对有突出事迹的考生，按照有关程序，高校可破格录取或单独考试录取。

2015年1月1日之前在高级中等教育阶段已取得上述项目有关奖项、名次、称号的考生，是否具有加分资格由生源所在地省级高等学校招生委员会研究决定。确有必要保留的，按本省（自治区、直辖市）原有规定执行，加分分值不超过 5 分，有关省份要加强资格认定和严格管理，体育部门要重新对二级（含）以上运动员资质进行复核复测，教育部门要按相关标准进行严格测试。

二、保留和完善部分全国性加分项目

根据相关法律和行政法规规定，保留“烈士子女”“边疆、山区、牧区、少数民族聚居地区少数民族考生”“归侨、华侨子女、归侨子女和台湾省籍考生”“自主就业退伍士兵”“在服役期间荣立二等功（含）以上或被大军区（含）以上单位授予荣誉称号的退役军人”加分项目。

三、大幅减少地方性加分项目

2015 年 1 月 1 日起，取消地方性体育、艺术、科技、三好学生、优秀学生干部等加分项目。

四、规范和完善确有必要保留的地方性加分项目

对确有必要保留的地方性加分项目，应合理设置加分分值，由省级人民政府确定并报教育部备案，原则上只适用于本省（自治区、直辖市）所属高校在本省份的招生。

2018 年 3 月 21 日，教育部印发《2018 年普通高等学校招生工作规定》，对普通高等学校招生的加分项目和分值，再次进行了明确规定：有下列情形之一的考生，由省级高等学校招生委员会决定，可在高校投档分数线下适当降低分数要求投档或在其统考成绩总分的基础上增加分数投档，由高校审查决定是否录取。同一考生如符合多项降低分数要求或增加分数投档条件的，只能取其中幅度最大

的一项分值，且不得超过 20 分。

所能享受的加分项目只有以下五种“扶持性”项目，“鼓励性”加分项目全部取消。

（一）边疆、山区、牧区、少数民族聚居地区的少数民族考生。

（二）归侨、华侨子女、归侨子女和台湾省籍考生。

（三）烈士子女。

（四）自主就业退伍士兵。

（五）在服役期间荣立二等功（含）以上或被战区（原大军区）以上单位授予荣誉称号的退役军人。

另外，对于“应予以优先录取”或“同等条件下，优先录取”的情况，也做出了以下规定：

（一）平时荣获二等功或者战时荣获三等功以上奖励的军人的子女，一至四级残疾军人的子女，因公牺牲军人的子女，驻国家确定的三类以上艰苦地区和西藏自治区或者解放军总部划定的二类以上岛屿工作累计满 20 年的军人的子女，驻国家确定的四类以上艰苦边远地区或者解放军总部划定的特类岛屿工作累计满 10 年的军人的子女，在飞或停飞不满 1 年或达到飞行最高年限的空勤军人的子女，从事舰艇工作满 20 年的军人的子女，在航天和涉核岗位工作累计满 15 年的军人的子女，在达到有关高校投档要求并投档的，应予以优先录取。

（二）退出部队现役的考生、残疾人民警察考生，在与其他考生同等条件下，优先录取。

（三）公安烈士、公安英模和因公牺牲的公安民警的子女，一至四级因公伤残公安民警的子女，在与其他考生同等条件下，优先录取。

（四）散居在汉族地区的少数民族考生，在与汉族考生同等条件下，优先录取。

（五）经共青团中央青年志愿者守信联合激励系统认定，获得5A级青年志愿者的考生，在与其他考生同等条件下，优先录取。

（六）学业水平考试成绩优秀、综合素质评价优秀的普通高中毕业生，在与其他考生同等条件下，优先录取。